ANGELO CLAUDIO ALFANO

L'ARTE DI MEDIARE

Tecniche e Strategie Pratiche Per Diventare Un Eccellente Mediatore Immobiliare ed Avere Successo Nel Real Estate

Titolo

"L'ARTE DI MEDIARE"

Autore

Angelo Claudio Alfano

Editore

Bruno Editore

Sito internet

http://www.brunoeditore.it

Sommario

Introduzione

Quando ho deciso di scrivere questo libro mi sono detto: perché e per chi desidero scrivere questo libro? Perché voglio raccontare la mia storia, la mia vita? A chi può interessare la mia esperienza personale, la mia esperienza professionale di mediatore, di consulente e di docente? Voglio dare il mio contributo ad una professione che, a mio parere, è straordinaria, unica, che mi ha dato molte soddisfazioni.

Questo libro non è il solito libro e/o manuale che ti insegna a fare acquisizioni, proposte, appuntamenti. È un libro che racconta come dal nulla sia stato possibile diventare un professionista/imprenditore di successo nel real estate.

Leggendo i capitoli che seguiranno ti svelerò alcuni dei segreti, tutte le risposte alle mie domande ai miei quesiti, ma soprattutto alle tue domande di lettore. Seguimi, ma prima mi presento: sono nato a Roccasecca (FR), il 13 dicembre del 1956, i miei genitori mi hanno chiamato Angelo Claudio Alfano, secondo di tre fratelli. Mio padre Sabatino era ferroviere e mia madre Rocca, casalinga. Sono stato fortunato perché i miei genitori mi hanno dato la possibilità di studiare, di apprendere ma soprattutto mi hanno dato l'educazione e mi hanno insegnato il rispetto.

Mi sono diplomato prima nel campo della musica, poi alle scuole superiori ho preso la maturità come tecnico delle industrie elettroniche. Ho frequentato l'Università di Roma "La Sapienza", seguendo il corso di laurea in Giurisprudenza. La mia passione è la musica (pianoforte e organo Hammond) e amo il mio lavoro che è sempre più interessante e speciale (mediatore e consulente immobiliare). Mia moglie Antonina mi ha regalato due figli speciali, Claudia e Marco, che oggi hanno 36 e 34 anni. Siamo una famiglia tradizionale, sana e ancora oggi la sera ceniamo tutti insieme.

Mi hanno conferito la laurea H.C. in U.S.A. a N.Y., nel 1994, in Economia e commercio. Ho partecipato a oltre 250 corsi/seminari in tutta Italia, ho frequentato tre Master nel campo immobiliare e un Master speciale per consulenti immobiliari organizzato da

A.I.C.I. in collaborazione con la University of Florida Real Estate Research Center. Insegno alla Camera di commercio di Frosinone da oltre 25 anni la disciplina della professione di mediatore e Marketing e mercato immobiliare. Ho fondato, e ne sono stato Presidente per oltre 25 anni, la prima associazione provinciale dei mediatori immobiliari, APAIM, affiliata a FIMAA. Sono stato per quasi 20 anni a capo delle mie dieci agenzie immobiliari affiliate a Gabetti Spa.

Da oltre dieci anni mi diverto nel campo immobiliare ed ho fondato alcune società di intermediazione immobiliare e di consulenza su investimenti immobiliari, e sulla gestione e sviluppo di agenzie immobiliari. Tutto è iniziato quando ero ragazzino, alle scuole medie avevo la voglia di cantare, mi piaceva la musica, e così mi iscrissi al corso di orientamento musicale.

Il maestro Fulvio Mancone mi fece appassionare al canto, imparai a suonare il pianoforte, e così in questo percorso triennale, nel lontano 1975, ottenni il mio primo diploma di musica. Contemporaneamente studiavo alle scuole superiori, a Cassino, per diventare un tecnico delle industrie elettroniche. Mi diplomai anche con un'ottima votazione, allora la maturità si valutava in sessantesimi, ottenendo un soddisfacente 50/60.

Erano gli anni '70 e insieme ad alcuni amici mettemmo su un complesso musicale, oggi si direbbe una piccola "band". Ci divertivamo tantissimo a suonare nelle piazze, nei locali e ai famosissimi veglioni di Capodanno o della befana.

Erano tempi di sogni, di ideali e di progetti e io volevo diventare una star della musica, suonavo anche l'organo Hammond nella mia parrocchia. Organizzavo il gruppo musicale, ma avevo anche altri sogni: mi sarebbe piaciuto diventare un pilota di aereo militare (Caccia f 16). Così, presentai la domanda all'accademia aeronautica di Pozzuoli per diventare un pilota di caccia.

Dopo cinque lunghi interminabili giorni di dure prove, simulazioni, esami, colloqui, test psicoattitudinali, mi chiama il Colonnello addetto alle selezioni (ero molto ansioso di conoscere l'esito) e mi comunica che ero stato ammesso all'accademia Aeronautica di Pozzuoli per il Corso di Allievo Pilota, anche se con una precisazione: "Alfano lei è stato ammesso, ma deve studiare di più la matematica poiché ha delle lacune che dovrà colmare una volta che sarà qui, in questo percorso per formare i futuri piloti da caccia".

Quando poi effettivamente ricevetti la chiamata, con tanto di raccomandata/cartolina, confermando che mi dovevo presentare alla scuola/accademia aeronautica di Pozzuoli in via S. Gennaro Magnano, 30, entro una settimana per iniziare a studiare e a cambiare vita, avevo solo 20 anni, confesso di aver avuto tanta paura di perdere la mia libertà e la mia autonomia. In preda a tanti dubbi, decisi di rinunciare alla Formazione di Ufficiale dell'aeronautica militare, una delle più antiche accademie aeronautiche al mondo.

Avevo capito che volevo essere libero, autonomo, indipendente. Continuai a inseguire la passione per la musica e decisi anche di iscrivermi all'Università "La Sapienza" per diventare un avvocato. Dopo neanche un anno di lezioni sul Diritto romano fui chiamato dal direttore didattico della scuola musicale di Roccasecca per un incarico annuale per il corso di musica serale. Mi ritrovai nel giro di 48 ore ad essere insegnante di musica con una trentina di allievi (molti di loro avevano il doppio della mia età). Fu una straordinaria esperienza di crescita personale e musicale. Diventai, così, maestro di musica, e molti allievi che seguivano il mio corso decisero in seguito di fare i musicisti iscrivendosi al conservatorio di Frosinone e alcuni di loro oggi sono Maestri di Musica e professori di Pianoforte. Ancora oggi, dopo oltre 40 anni, mi ringraziano dell'opportunità che ho dato loro di avvicinarsi alla musica. Purtroppo, però, dopo tante soddisfazioni arrivarono anche notizie ed eventi meno belli quanto inaspettati.

Il 15 maggio 1978 mi arrivò la chiamata al servizio militare di leva, dovevo presentarmi a Casale Monferrato per il C.A.R. entro le 48 ore successive. Io avevo la mia scuola di musica, i miei allievi, gli esami di fine anno scolastico, non potevo abbandonare tutto e tutti, così mi presentai alla caserma dei carabinieri e spiegai al maresciallo la situazione. Risultato: mi fecero partire con un mese di ritardo in modo da terminare il corso musicale e gli esami degli allievi previsti per il 10 giugno 1978.

Il 12 giugno 1978 ero sul treno con destinazione Casale

Monferrato per prestare il servizio militare di leva. Fu un anno, anzi 11 mesi, di sacrifici, di forte repressione, di privazione della libertà, di inutili quanto stupidi riti militari che mi rendevano fragile. Ero uno in mezzo a tanti, un numero, una matricola.

Sono stati i mesi più brutti della mia vita, poiché non ero in grado di decidere, di fare, di pensare al mio futuro, così cominciai a riflettere su quale futuro mi aspettava fuori dalla caserma, cosa avrei potuto fare una volta terminata la naia/leva.

Il tempo in caserma non passava mai, le giornate, le settimane, i mesi erano tutti uguali e noiosi, eravamo tutti sotto il comando di un sergente ignorante che però faceva rispettare il grado. Vigeva la logica militare del silenzio, dell'esecuzione degli ordini superiori e dell'addestramento militare.

Finalmente dopo 11 mesi di buio arrivò la luce, il mio congedo militare. Era il 12 maggio del 1979. Non vedevo l'ora di tornare a casa dagli amici, dai miei genitori, da mio padre Sabatino e mia madre Rocca, preoccupati nel vedermi dimagrito. Dopo un lungo interminabile viaggio sul treno da Palmanova del Friuli a

Roccasecca, passando per Bologna, Firenze e Roma, finalmente ero a casa, il brutto sogno era finito.

In realtà, speravo in cuor mio che il direttore didattico della mia scuola di musica mi accogliesse a braccia aperte visto il successo che avevo ottenuto prima di partire militare di leva. Quando mi presentai dal direttore per rinnovare la mia disponibilità all'incarico di insegnante mi disse che il mio posto era stato occupato/preso da un altro insegnante.

Non poteva fare nulla per me, purtroppo. Ricordo che era molto dispiaciuto e io ci rimasi molto male. Il servizio militare mi aveva tagliato le gambe e la carriera come insegnante di musica. Fu una delle mie prime delusioni.

Capitolo 1
La mia idea imprenditoriale

Dopo la delusione e la tristezza di vedere il mio posto da insegnante di musica svanire, il mio sogno era finito. Dovevo fare qualcosa, dovevo cercare lavoro, inventarmi un'attività per guadagnare po' di libertà, di autonomia e di non chiedere aiuto ai miei genitori che economicamente avevano altre priorità.

Così mi misi alla ricerca di un lavoro, risposi ad un annuncio sui giornali per la ricerca di agenti/rappresentanti di commercio, non conoscevo nessuno all'epoca, ma risposi e mi presentai al colloquio per la selezione. Dovevo lavorare e portare a casa un po' di soldi.

Il direttore commerciale che si occupò del mio colloquio cercò di spiegarmi cosa era il sistema di vendita porta a porta, con la possibilità di organizzare riunioni per fare le presentazioni dei prodotti e spiegare ai presenti un nuovo sistema di cottura dei cibi senza olio/acqua e/o grassi, per un'alimentazione salutare. In poche parole, avrei dovuto vendere pentole di acciaio inox americane attraverso le dimostrazioni/presentazioni del sistema IMCO Waterless.

Così iniziò una nuova avventura, una nuova fase molto formativa e di crescita personale, che mi fece scoprire le mie qualità di venditore e di consulente di sistemi di cottura per una sana alimentazione.

La società per cui lavoravo era impostata con un sistema di marketing americano piramidale, con compensi provvigionali e incentivi sulle produzioni periodiche. Devo dire che era ben ideata ed organizzata, tutto scientificamente preparato, con riunioni settimanali mensili e meeting/convention annuali.

Fu una vera scoperta vedere come le famiglie che assistevano al party/presentazione rimanessero entusiaste dalla mia presentazione del sistema-salute-cottura-alimentazione, comprando tantissime batterie da cucina. Nei primi sei mesi di lavoro feci tantissime vendite di pentole, così il mio manager superiore, persona molto intelligente e lungimirante, mi incoraggiò a fare carriera e mi diede il compito di organizzare un mio gruppo, insegnando ai collaboratori come fare le dimostrazioni dei prodotti IMCO, come organizzare le riunioni a casa delle famiglie, come vendere i prodotti, quali tecniche di vendita usare, etc.

Fu una bella soddisfazione personale, dopo appena sei mesi di lavoro avevo già un gruppo di collaboratori che lavoravano per me e con me. Iniziai a guadagnare bene e a progettare nuovi obiettivi. Dopo un anno, avevo due uffici da gestire, uno a Cassino e l'altro a Frosinone, con 40 persone /collaboratori che vendevano i prodotti attraverso le dimostrazioni porta a porta.

Ero euforico, pieno di entusiasmo, grandi guadagni per me e per i miei collaboratori, pensavo allo stipendio che percepivo dal ministero della pubblica istruzione come insegnante di musica, una differenza abissale, i miei guadagni erano impensabili e impossibili come dipendente statale. Ricordo ancora la faccia di mio padre (ferroviere) quando nel mese di luglio del 1980 ricevetti un assegno dalla società IMCO pari a 13 milioni di vecchie lire.

Così, decisi di comprarmi una nuova auto bella fiammante, mi recai dal concessionario Audi di Frosinone e acquistai la mia prima Audi 100 CD 5D, una Berlina che all'epoca mi costò 12 milioni e che il concessionario, dandomi fiducia senza conoscermi, mi fece pagare in 24 mesi.

Dopo due anni di continuo successo e di soddisfazioni personali ed economiche, di riconoscimenti come miglior venditore di zona, come miglior manager della IMCO di premiazioni e attestati vari, mi resi conto che quel settore non poteva durare molto a lungo e che stava per esaurirsi. Non mi poteva garantire un futuro, non vedevo la possibilità di crescita personale e professionale, era un settore a basso livello culturale. Mi ero fatto una reputazione nel settore e alcuni imprenditori, sia locali che romani, mi proposero di lavorare per loro dandomi compiti di direttore commerciale e di direttore alle vendite.

Mi feci assumere da una nuova società di vendita con il compito di sviluppare le zone commerciali e selezionare i collaboratori/venditori, un'esperienza disastrosa e sconvolgente. I due soci stavano sempre in combutta tra di loro, mi chiedevano consigli per come pianificare lo sviluppo, come addestrare i venditori, come incentivare le vendite e aumentare i profitti.

Puntualmente succedeva che decidevamo le cose da fare e, successivamente, dopo pochi giorni, cambiavano le regole, modificavano a mia insaputa i rapporti e gli accordi con i collaboratori. Non si poteva andare avanti così e quindi decisi di cambiare. Non mi sentivo motivato, ero insoddisfatto, non avevo più gli stimoli che mi inducevano ad andare avanti a fare sempre meglio o di più.

Mi domandavo cosa volessi veramente fare per me, per avere un lavoro mio, tutto mio, quale fosse la strada giusta per cambiare settore. Tutti cercavano il posto fisso, ma io avevo altre idee per il mio futuro, avevo altri sogni, altri progetti e così decisi di guardare ad una figura nuova, interessante, di cui avevo sentito parlare da alcuni miei clienti italo-americani. Un agente speciale che vende case, immobili.

Mi incuriosiva e attraeva questa nuova figura peraltro sconosciuta nella mia terra, nella mia provincia, avevo notizie troppo vaghe, ma erano notizie che venivano dall'America, dal Canada, dalla Francia e dall'Inghilterra e quindi decisi di guardare con più attenzione, di approfondire chi erano questi agenti immobiliari, cosa facevano, come lavoravano e quanto guadagnavano.

Mi piaceva l'idea, mi attraeva la curiosità di conoscere come erano reputati questi agenti immobiliari/mediatori di affari americani. Così in poco tempo mi ero documentato, informato e avevo deciso che il mio nuovo settore sarebbe stato quello immobiliare. Mi metto a fare il mediatore di immobili e apro la mia prima agenzia immobiliare. Era il mese di luglio del 1983.

Inizia una nuova ed entusiasmante avventura che mi cambierà la vita per sempre. L'anno 1983 è stato per me un anno molto particolare, segnato da molte decisioni importanti, avevo una bella esperienza nella vendita diretta, porta a porta, avevo maturato una notevole capacità nella gestione delle persone/collaboratori che lavoravano con me, ero diventato in poco tempo direttore commerciale di una nota azienda locale (oggi non esiste più per causa dei suoi continui litigi tra i soci), e avevo anche imparato a prendere decisioni molto importanti per lo sviluppo e l'espansione delle zone a livello strategico commerciale. Come ottenere più vendite di gruppo, come coprire il territorio attraverso i nuovi collaboratori come incentivare la forza vendita etc. Queste erano solo alcune delle cose che mi piaceva fare e che l'azienda mi chiedeva. Selezionavo direttamente i collaboratori attraverso colloqui personali, con l'aiuto di schede e questionari che mi ero personalizzato per individuare le persone giuste a ricoprire il ruolo di collaboratore/venditore/capo gruppo.

Una grande soddisfazione, anzi più di una, la voglio condividere con te, che stai leggendo questo libro: quando selezionavo i collaboratori cercavo sempre di individuare il ragazzo/a sveglio dinamico, volenteroso, che mi potesse seguire e ascoltare per mettere in pratica i miei consigli, i miei suggerimenti le mie esperienze di successo.

Ricordo con grande soddisfazione di aver selezionato, anzi convinto, in quanto mio conoscente, un ragazzino, Celestino, che non aveva mai avuto a che fare con la vendita. "Seguimi, vieni insieme a me e fai una prova di 10 giorni", gli dissi, "e vedrai come sarà divertente questo lavoro, basta parlare con la gente dimostrare il prodotto e il gioco è fatto".

Mi prese in parola, il giovanotto si mise al mio fianco, osservava ogni cosa che facevo, ogni azione che portavo avanti e chiedeva informazioni, chiedeva perché quelle persone non si opponevano alle mie domande, alle mie dimostrazioni. Vuoi sapere cosa è successo a quel ragazzetto di 21 anni, inesperto e senza aver mai lavorato in quel settore? Diventò in poco tempo il più grande venditore del mio team/gruppo. Ma la cosa che più mi gratifica, oggi come allora, è che, in pochi anni, Celestino ha fatto una strabiliante carriera nel campo della vendita, prima diventando Direttore Generale Italia di una nota e grande casa farmaceutica, successivamente amministratore delegato della stessa azienda con sede a Parigi.

Oggi Celestino è imprenditore con la sua azienda di consulenza e commercializzazione, fondata alcuni anni fa a Milano, dove vive e lavora. Ci siamo rivisti anche ultimamente a Milano, nella sua nuova sede a Milano City, era il mese di febbraio 2020. Siamo rimasti sempre in contatto con Celestino. Un giorno di alcuni anni fa, mi chiamò e mi disse che doveva vendere un po' di immobili a Roma, Formia e Roccasecca. Stava riorganizzando la sua vita a Milano e doveva ricomprare una nuova casa, ma aveva bisogno di liquidità, così si ricordò di me e mi affidò la gestione dei suoi immobili da vendere.

Mi disse: "Claudio ho bisogno di monetizzare, cosa puoi fare per me?" Così risposi di vendere i suoi immobili per ottenere liquidità. Nel giro di 60 giorni, realizzai la prima vendita di uno dei suoi appartamenti. Era contentissimo e felice perché poteva realizzare il suo sogno di comprare una nuova casa a Milano. Questa è una delle tante storie delle persone speciali che hanno avuto a che fare con me e che nel momento del bisogno, nel campo immobiliare, mi hanno chiamato per un aiuto, per un consiglio.

Sempre nel 1983 mi si presenta un evento assolutamente inaspettato: Rocco, il mio futuro suocero, mi chiama per dirmi che un suo amico, un politico locale, era alla ricerca di un candidato per le elezioni comunali di Roccasecca.

Mi chiedevo cosa c'entravo io con le elezioni amministrative. Nulla, anzi non ero per niente attratto dall'idea. Rocco insistette per che io parlassi con un signore già consigliere comunale da molti anni. Nel giro di pochi giorni mi ritrovo candidato alle elezioni per il rinnovo del consiglio comunale del mio paese/comune di Roccasecca.

Era il 16 maggio 1983 quando risulto unico eletto nella mia lista civica superando i vecchi marpioni della politica locale. Non credevo ai miei occhi, leggevo i dati degli scrutatori elettorali e incredibilmente ero riuscito ad avere più preferenze di tutti i candidati della lista. Come era stato possibile? Perché questo brillante successo per un giovane sconosciuto di 27 anni? Semplicemente perché ero nuovo? Oppure perché ero stato capace di parlare in pubblico con disinvoltura?

Ammetto che i comizi elettorali in piazza erano per me una vera motivazione, parlare davanti a centinaia di persone mi elettrizzava, mi entusiasmava, mi sentivo galvanizzato all'idea di comunicare ai presenti le mie idee i miei ideali. Ero semplicemente me stesso, col mio modo di fare, di essere di agire e di pensare.

Sicuramente avevo messo in pratica la mia esperienza nella vendita porta a porta, andavo nelle case della gente /famiglie che conoscevo e anche di quelle che non conoscevo. Mi presentavo e gli raccontavo chi ero, cosa facevo e perché ero candidato consigliere comunale, quindi quali erano le mie idee per il futuro del nostro paese di Roccasecca.

È stata un'esperienza fantastica, meravigliosa e molto formativa, sia a livello personale che interpersonale. Ho semplicemente applicato le mie regole, le mie esperienze, le mie conoscenze di Manager/venditore nella competizione elettorale. Un grande e inaspettato successo che mi ha aperto le porte del mondo della politica locale e territoriale.

In quello stesso periodo, l'estate dell'83, avevo già deciso con la mia fidanzata/futura moglie Antonina di aprire un'agenzia immobiliare. Il progetto era pronto, i locali pure, era un ex deposito al pian terreno messo a disposizione dal mio futuro suocero, naturalmente in comodato gratuito. Abbiamo ideato il logo/marchio, abbiamo richiesto le varie autorizzazioni e la licenza della questura.

Mi ero preparato nei minimi particolari per lanciare la mia nuova idea imprenditoriale. Era innovativa ed inaspettata nel mercato dell'epoca. In quegli anni per lo più esistevano i "sensali" oppure il "caro amico Geometra" che faceva, e fa ancora, il mediatore di immobili.

Per quanto riguarda il logo abbiamo optato per la cosa più semplice da fare, quella delle iniziali dei nostri cognomi: AIR Ovvero Alfano immobiliare Ricci "AIR IMMOBILIARE", con un logo stilizzato a forma di casetta e con un tetto di tre colori. Come tutte le novità, soprattutto in un piccolo paese di provincia, all'inizio la gente non capiva cosa fosse questa agenzia immobiliare e a cosa servisse.

Non ho mai avuto difficoltà ad acquisire i clienti venditori e a farmi firmare l'incarico di mediazione/mandato per la vendita. Certo, avevo come bagaglio l'esperienza di procacciatore e di venditore di pentole, ma la mediazione immobiliare è tutta un'altra storia, un mondo unico, particolare, direi speciale, perché, a differenza di tutte le altre professioni/attività che di solito hanno anche fare con un solo committente (pensa ai rappresentanti di commercio ai venditori di polizze e/o agli avvocati ai commercialisti), il mediatore immobiliare è al centro tra due clienti, il venditore/proprietario e l'acquirente.

Questa particolarità fa un'enorme differenza nell'approccio con i clienti di un'agenzia immobiliare. Ecco allora il perché di molte agenzie/agenti che falliscono e che non riescono a superare la barriera dei 24 mesi. Non riescono a capire che il vero mediatore immobiliare "è colui che mette in relazione due o più parti, per la conclusione di un affare, senza essere legati ad alcuna di esse da rapporti di collaborazione, di dipendenza o di rappresentanza". Aspetti disciplinati dal Codice Civile prima, e dalla legge speciale dopo (legge 39/89).

L'opera del mediatore professionale, infatti, è come una missione. Quale è il tuo scopo? Il tuo obiettivo? La tua missione? Ti cito la mia missione che da sempre ho messo in pratica: aiutare le persone/famiglie a risolvere uno dei Problemi più importanti e più difficili della loro vita, vendere la propria casa, frutto di tanti sacrifici e di tanto lavoro. Ti spiegherò successivamente perché è stato fondamentale questo principio appena citato.

La missione e la versatilità

Quando inizi a capire le persone, gli stili personali diversi e i gruppi di appartenenza, la prima cosa che devi fare è capire a quale dei quattro gruppi appartieni: analitico, amabile, driver, espressivo. Quando parlo con gli agenti e/o gli aspiranti agenti, mi sento solitamente rispondere che loro vogliono essere dei driver, cioè vorrebbero essere tutti e quattro gli stili contemporaneamente.

La chiave per capire le altre persone è capire sé stessi ed accettare il fatto che "va bene essere quello che sei". Non cercare di essere qualcuno che non esiste. Impara a capire a quale categoria appartengono le altre persone, i tuoi clienti, e impara a lavorare con loro. Sii versatile.

Siccome ognuno di noi ha un proprio stile di personalità, ti capiterà di accorgerti che qualcuno che conosci bene (addirittura te stesso) può cambiare improvvisamente il suo stile. Quando le persone sono sottoposte ad una grande pressione oppure ad un grande stress, capita abbastanza spesso che cambino il loro stile di personalità e che inizino a comportarsi in modo completamente diverso. Questo fatto è comune a molti ed è normale.

La seconda cosa da capire è quindi a quale stile appartieni quando sei sotto stress. La versatilità è la capacità di adattarsi a persone diverse, in contesti diversi, spaziare in diversi settori, in molti modi diversi. Tu sei nato con un preciso stile di personalità che di solito non cambia. Sei anche nato con un certo grado di versatilità e questa versatilità può cambiare drasticamente se scegli di aumentare la tua conoscenza delle persone e delle situazioni.

Possiamo dire la stessa cosa in un altro modo: mentre la tua esperienza nel trattare le persone e la comunicazione con loro aumenta, cresce anche la tua versatilità. La sfida che ognuno di noi si trova ad affrontare è quella di sentirsi sempre a proprio agio con se stessi, di imparare ad identificare lo stile di personalità degli altri e conseguentemente di adattarci al loro stile, per migliorare ed elevare il nostro livello di comunicazione. La tua capacità di adattarti rapidamente è quello che permetterà alla tua attività di crescere e passare al livello successivo.

Quante volte ti è capitato di sentire qualcuno dire che "quella persona mi faceva sentire a disagio", oppure qualcun'altra che diceva "proprio non riesco ad andarci d'accordo". Coloro che dicono questo si riferiscono al fatto che hanno incontrato qualcuno con un modo di pensare diverso dal loro e che, di conseguenza, impediva loro di comunicarci in modo costruttivo o di andarci d'accordo.

Se io voglio farmi avvicinare da un maggior numero di persone, invece di fare in modo che loro si adattino a me, devo essere io ad adattarmi a loro. Quanto più velocemente io mi adatto a loro, tanto più sarà buona la comunicazione ed i risultati che ne derivano. Ecco, ad esempio, una serie di cose che si possono fare per migliorare la tua versatilità:

1) Impara a fare domande invece di voler sempre parlare. Quante più domande facciamo tanto più permettiamo all'altra persona di comunicare ed esprimere i suoi sentimenti e pensieri.

2) Ascolta attentamente quello che dicono le altre persone. Se fai domande senza prestare attenzione, dimostri uno scarso interesse nell'altro. Facendo domande ed ascoltando attentamente le risposte, dai a te stesso la possibilità di conoscere loro e cosa pensano, cosa che ti permette di sviluppare delle strategie che puoi, successivamente, proporre loro per ottenere il meglio da ogni situazione.

3) Per aumentare e migliorare la tua versatilità devi smetterla di voler avere sempre ragione. Se tu hai sempre ragione, vuol dire che butti nel cestino le opinioni degli altri e così facendo li fai sentire isolati. Invece, permettendo agli altri di esprimersi e di avere ragione, puoi capire perché provano quello che provano e soprattutto perché si comportano nel modo in cui si comportano.

4) Eliminiamo l'ego. Come potrei mai adattarmi a qualcun'altro se pretendo che il mondo ruoti attorno a me? Permetti agli altri di esprimere le loro opinioni e dirti quanto siano in gamba, e loro vorranno avere a che fare sempre e solo con te.

5) Esci allo scoperto, fuori dal tuo guscio. Tanti di noi, troppi di

noi, trascorrono il loro tempo, la loro vita, bloccati in un angolo. È come essere imbalsamati mentre siamo vivi. Se non ci muoviamo al di fuori della nostra zona di comfort stiamo limitando la nostra stessa crescita personale e professionale.

6) Mettiti in una situazione che ti faccia sentire a disagio. Racconto spesso di quando sono andato a vedere la fisarmonica-orchestra di Sora, dove suona un mio collaboratore, Giulio, e poi, una settimana dopo, sono stato al concerto dei Deep Purple a Roma, e un mese dopo con mio figlio siamo stati al concerto dei Toto. Se voglio crescere come essere umano devo capire i punti 5 e 6 e abituarmi a muovermi al di fuori della mia zona di comfort.

Ad esempio, vado a vedere dei film che normalmente non andrei a vedere, vado a dei concerti o degli spettacoli ai quali non parteciperei, proprio per espandere la mia mente. Inoltre, leggere più libri può aiutarti a metterti a disagio, in particolare se leggi libri che parlano di persone che hanno ottenuto dei grandi risultati.

Come puoi vedere, approfondire queste informazioni con molta attenzione può fare molto, non solo per le tue relazioni interpersonali, ma anche per le tue relazioni professionali. E, ancora più importante, la giusta conoscenza può avere una influenza diretta sulla produzione e sulla tua redditività. Pertanto, prenditi il giusto tempo per leggere questo libro più e più volte. Sono ansioso di poter parlare ancora di questi argomenti nel prossimo futuro.

RIEPILOGO DEL CAPITOLO 1:

- SEGRETO n. 1: Segui sempre il tuo istinto, vai diritto per la tua strada, non ascoltare gli altri ma segui sempre i tuoi sogni, i tuoi progetti, le tue aspirazioni.

- SEGRETO n. 2: Prima di decidere un cambiamento, guardati attorno, analizza la situazione, il momento storico e verifica chi sono i tuoi competitor.

- SEGRETO n. 3: Quando decidi di fare qualcosa in cui credi veramente, fallo e basta. Non avere ripensamenti, non ascoltare gli altri ma ascolta te stesso, il tuo cuore e vai fino in fondo. Non arrenderti mai.

- SEGRETO n. 4: Essere un venditore creativo significa vendere di più e meglio. Pensa alle tantissime utilità che potranno avere i tuoi clienti comprando la casa che desiderano.

- SEGRETO n. 5: Mediare equivale a capire le esigenze dei clienti e portarli a raggiungere un punto di compromesso, con il sorriso.

Capitolo 2
Come diventare un grande mediatore immobiliare

Torniamo un attimo indietro. Quando ho deciso di cambiare settore desideravo avere informazioni, suggerimenti, consigli per realizzare la mia idea, il mio progetto. Ma nella mia zona/Provincia non c'era niente e nessuno che potesse aiutarmi. Cercai a Roma qualche organizzazione o associazione, ma non seppero dirmi nulla. Le agenzie su Roma erano per lo più autonome, private, oppure c'era qualche grande Nome come la Gabetti o MMT (Marino Merlo Tindaro), oppure ancora Grandi costruttori che vendevano direttamente case nuove.

Così, vista l'impossibilità di avere notizie certe, informazioni puntuali e sicure per la mia nuova idea di business, cercai a Milano. Ecco che magicamente trovo alcune associazioni che, allora, molto timidamente, stavano lavorando a favore della categoria. Due associazioni in particolare, la FIABCI e la

FIMAA. Trovai la massima disponibilità e la concretezza con spirito associativo in Fiabci e mi convinsi a tesserarmi con loro, la federazione internazionale delle professioni immobiliari, con sede a Milano.

Conservo ancora con orgoglio la mia prima tessera datata e timbrata (1984). Fu per me una svolta, un incontro magico e ricco di novità di modi diversi di approcciare e valutare i problemi/soluzioni. La Fiabci mi diede l'opportunità di entrare, 36 anni fa, nel mondo dei professionisti dell'immobiliare, e così iniziai a frequentare Milano, conoscere i colleghi, agenti, mediatori già in attività da molti anni. Avevo scoperto una miniera d'oro e avevo trovato il modo di imparare da gente più esperta di me.

La Fiabci organizzò il primo Corso per operatori immobiliari in Italia, in collaborazione con la blasonata SDA BOCCONI, la scuola di direzione aziendale della università Luigi Bocconi. Il corso era programmato per i mesi di settembre e ottobre del 1984. Ricordo che l'iscrizione per partecipare al Master mi costò una fortuna, ma era un investimento per il futuro, per la mia crescita personale e professionale che non potevo assolutamente perdere. Ero ansioso di partecipare, di immergermi nel più grande Master di Gestione strategica per aziende di servizi, riservato agli operatori immobiliari: agenti, mediatori, consulenti, imprenditori, banche, assicurazioni.

Era il primo corso per gli immobiliaristi nella storia Bocconiana, era il 1984. Tra i 26 partecipanti avevo saputo che vi erano grandi nomi di quel periodo, come Riccardo Catella, padre del più famoso Manfredi, diventato uno dei massimi esponenti del Real estate milanese/italiano. Le aziende partecipanti erano quasi tutte del nord, solamente due, compreso me, del centro Italia e una della bellissima Sicilia. Ti confesso che avevo fame di "Cultura immobiliare", il mio unico pensiero era "voglio imparare bene il mio lavoro e lo voglio fare con i migliori maestri del settore".

Volevo carpire i segreti, le tecniche, mi interessava conoscere quali erano le strategie da seguire per progettare un business di alto livello. La mia testa era pronta per accogliere e assimilare tutte le informazioni utili a sviluppare il mio business. Ero come una spugna.

Intanto la mia prima agenzia Immobiliare aperta nel mese di ottobre del 1983 era operativa e io ero sempre in prima linea. Raccoglievo incarichi di mediazione, rigorosamente in esclusiva, da sempre scritti su moduli da me ideati, mai verbali. Ero fiducioso, avevo una smisurata fiducia in me stesso e nella mia capacità di relazioni con il pubblico, così, dopo tre mesi di attività, arriva la mia prima vendita immobiliare con il primo cliente acquirente che mi aveva dato fiducia e mi accordava il riconoscimento di provvigione, erano i primi quattro milioni di vecchie lire.

Adesso, ti espongo il perché questa professione è unica nel panorama delle attività intellettuali. Quale lavoro, quale professione, quale attività ti consente di percepire due provvigioni contemporaneamente? Nessun lavoro, nessuna attività, ti da questa possibilità. La provvigione viene pagata dal cliente venditore e dal cliente acquirente nella medesima misura e nello stesso contratto "Preliminare di Vendita". Quindi, quella mia prima vendita immobiliare mi fruttò 4 + 4 milioni delle vecchie lire, per aver messo in relazione due persone che non si conoscevano e per averli aiutati a risolvere una loro esigenza. Il venditore doveva assolutamente vendere la casa per trasferirsi al nord, il compratore doveva acquistare una casa perché voleva avvicinarsi al luogo dove lavorava. Tutto sembrava così facile.

Ecco il punto fondamentale del nostro lavoro e, più in generale, di tutti i lavori autonomi. Nella mediazione immobiliare, per esempio, puoi scegliere due strade, quella più facile, ovvero lavorare per l'acquirente, o quella più difficile, cioè lavorare con i venditori/proprietari. Molti agenti/mediatori scelgono la strada più facile, perché pensano che per mostrare un immobile non ci vogliano poi così tante competenze tecniche.

È proprio così, accompagnare le persone a vedere una casa è molto semplice, mentre lavorare con i venditori è tutto l'opposto, perché l'acquisizione è un processo di vendita e le competenze richieste sono completamente diverse. Come sempre è una questione di scelte, di decisioni da prendere, di sfide e di prospettive.

Ecco perché, fin dall'inizio del mio nuovo lavoro da mediatore/agente immobiliare, decisi di lavorare con i venditori (in primis), perché avevo capito che partendo con le acquisizioni di incarichi a vendere da parte dei proprietari/venditori potevo controllare il mio tempo, e, controllando il mio tempo, avrei potuto stabilire, programmare e pianificare la mia dimensione, i miei guadagni. Acquisire incarichi nell'immobiliare, dunque, è la chiave per fare i soldi.

Ritorniamo a un punto focale: il mio primo "Corso di Gestione strategica per le aziende di servizi riservato agli operatori immobiliari". Nel settembre del 1984, mi trasferisco a Milano per affrontare una nuova avventura, una nuova sfida, tuffarmi nel mare magnum del mondo immobiliare. L'università di Business della Bocconi 36 anni fa era una scuola sconosciuta agli operatori immobiliari, e per me è stata una delle scelte più importanti che potessi fare in quel periodo.

Infatti, durante la mia permanenza a Milano per seguire gli studi ho conosciuto una città speciale, la capitale del mondo economico e finanziario, ho avuto modo di stabilire dei rapporti anche con alcune persone chiave per il mio apprendimento e il mio successo. Ne cito solo alcuni, il Prof. G. Piantoni, il Prof. Richard Norman e, in particolare, il Prof. Terenzio Somasca. Durante le lezioni ero affascinato da questi docenti, per la semplicità, la naturalezza e l'autorevolezza nell'esposizione e nel modo con cui ti erogavano la loro "Cultura dei servizi", la loro esperienza nel campo immobiliare. Il sopra citato Prof. Terenzio Somasca, una delle persone a me più care, era stato direttore della Gabetti a Milano, e, in quanto esperto di metodi e tecniche di Marketing, era la persona più adatta e speciale per me.

Mi invitò parecchie volte a cena a casa sua, dove conobbi la moglie, impiegata di banca. Terenzio è stato il mio mentore, il mio punto di riferimento per tanti anni, anche dopo, anzi soprattutto dopo, la Sda Bocconi. Infatti, negli anni successivi, quando decisi di espandere il mio Business immobiliare e sviluppare la mia rete, lo invitai a scendere nella terra Ciociara, a 50 minuti da Roma, per aiutarmi a tenere un corso di marketing immobiliare per i miei collaboratori.

Fu contentissimo di venire a Roccasecca a cena da me con la mia famiglia e assaggiare la cucina locale, soprattutto i "broccoletti e salsicce", accompagnato da un buon vino rosso locale. Con

Terenzio abbiamo condiviso molte cose, tante scelte strategiche e tattiche per la mia azienda, abbiamo fatto un percorso anche simile in riferimento alla storia della Gabetti.

Un personaggio particolare e speciale poi è stato per me anche il prof. Francesco Alberoni. Il mitico e autorevole sociologo, autore del libro più letto e riletto dal sottoscritto, e non solo, dal titolo "L'ottimismo", un libro che mi ha ispirato e mi ha guidato sul percorso della vita quotidiana, sul come affrontare ogni problema e come risolverlo, un capolavoro di sociologia, di psicologia e di filosofia moderna raccontata in maniera semplice e diretta.

Quando ho conosciuto il Prof. Alberoni, non immaginai che potesse trasmettermi così tanto durante le sue lezioni, non pensavo minimamente che avrebbe lasciato un segno indelebile nella mia mente, aiutandomi a vedere il mondo in maniera diversa. È stato un grande docente e un grande maestro per me, posso garantire che un buon maestro può aiutare a cambiare la visione del lavoro, della vita, del rapporto con gli altri e conseguentemente ad affrontare ogni giorno le difficoltà con ottimismo.

Alberoni mi ha fatto capire che quasi tutti i problemi si possono risolvere con un atteggiamento positivo, accettando la sfida, il rischio, con animo generoso, con l'ottimismo e l'entusiasmo del fare. "Ottimismo, perciò, non significa che le cose vadano bene, o non ci siano problemi o tragedie. Ma solo la fiducia o la speranza che esiste in noi la capacità di superarci, di migliorare. La capacità di fare quel passo infinitesimo, quel di più, che dà un senso all'evoluzione, alla storia, alla vita".

Questa riflessione filosofica/sociologica, da me ripresa direttamente da Alberoni, è quella che io cito sempre nei miei corsi, nelle lezioni che, da oltre 25 anni, tengo presso la camera di commercio di Frosinone per tutti gli aspiranti Agenti immobiliari, che devono prepararsi a sostenere l'esame per l'iscrizione all'esercizio della mediazione immobiliare.

Dunque, la frequenza al primo master per operatori immobiliari in quel meraviglioso anno 1984 diede una svolta alla mia storia personale e alla mia vita. Il 1984 è stato un anno che ha segnato il mio destino e il mio futuro, in quanto nel mese di febbraio io e Antonina decidemmo di sposarci, con il rito civile e religioso. Fu un matrimonio speciale, celebrato di sera, con oltre 150 invitati.

Torniamo al periodo in cui ero a Milano durante gli studi alla SDA Bocconi, quando le attività immobiliari erano in Italia in grande fase di sviluppo e di cambiamenti. Il franchising immobiliare ancora non esisteva nel nostro paese, e durante il corso, alcune lezioni furono proprio incentrate sulle prospettive del settore, sulle alternative da valutare per la crescita e l'espansione delle attività immobiliari.

In Italia la Gabetti era l'agenzia immobiliare più conosciuta, la più affermata, la più organizzata con oltre 120 filiali in tutto il territorio nazionale. Erano tutte agenzie/filiali dirette da un unico regista, il fondatore, il primo vero imprenditore della mediazione immobiliare, che ha contribuito a far conoscere la figura dell'agente immobiliare italiano: il Cav. Giovanni Gabetti.

Un uomo con grande spirito imprenditoriale con la vocazione per la ricerca continua di servizi da proporre ai clienti e al mercato immobiliare. Sentivo parlare molto spesso, durante le lezioni, di Gabetti, come esempio di eccellenza e di successo nel campo della mediazione. Ero curioso, soprattutto, di ascoltare, in merito, le esperienze vissute direttamente dal Dott. Terenzio Somasca, che era stato direttore commerciale/marketing della società Gabetti. Mi chiedevo come mai la società non avesse ancora intrapreso la strada del franchising come sistema/metodo per lo sviluppo e la penetrazione del mercato italiano.

Una delle risposte ricevute fu: "Il Cav. non può e non vuole rischiare di compromettere o rovinare la reputazione che la Gabetti ha costruito negli anni, perché aprendo al franchising non potrebbe più controllare gli agenti e avere la certezza di serietà e di affidabilità nell'erogazione dei servizi". Giusta riflessione. Ma il mercato immobiliare stava evolvendo, nuove realtà stavano nascendo in Italia. Possiamo citare la "Tecnocasa di Oreste Pasquali", che approcciava al mercato immobiliare con una nuova formula imprenditoriale: il franchising immobiliare come sistema di sviluppo e di espansione nel settore delle attività immobiliari.

Sappiamo tutti cosa è successo nel giro di pochi anni, una rivoluzione epocale nella gestione delle agenzie immobiliari. La Tecnocasa ha introdotto l'idea che "ogni agenzia è autonoma e indipendente", portando avanti il concetto che se ti comporti bene vai avanti, se sbagli e commetti errori gravi è tua responsabilità. Semplice ed efficace come avviso e come prospettiva. Solo dopo alcuni anni, forse troppi, la Gabetti fu costretta, dal mercato e dalla concorrenza, a guardare al franchising come nuovo modello di gestione e di sviluppo delle proprie agenzie.

Infatti, nel 1993, nasce in Italia il franchising Gabetti e io vengo contattato dalla direzione nazionale per verificare se fossi interessato al loro progetto di sviluppo territoriale. Ero indeciso se aderire, poiché avevo già dieci anni di gavetta sulle spalle. Allora decisi di andare ad ascoltare cosa avevano da dirmi. Prendo l'aereo, e incontro, nella sede direzionale di corso Venezia a Milano, l'amministratore delegato Conte, un tipo simpatico, tranquillo che mi presentò la situazione italiana della Gabetti e della loro idea di sviluppo territoriale nelle provincie e città italiane.

Avevano inventato un nuovo logo col nome "Gabetti op.imm", per diversificare la rete in franchising con la rete diretta (avevano circa 120 filiali dirette nelle maggiori città italiane). Il colloquio durò oltre un'ora, mi fece capire che eravamo i primi agenti ad essere stati contattati per questo progetto di sviluppo, ed io, che ero pronto alle nuove sfide del mercato immobiliare di quegli anni, non ebbi più nessuna esitazione. La Gabetti in quel periodo storico era la prima società italiana di mediazione immobiliare, e nel 1990 la società venne quotata alla borsa valori di Milano.

Era un'ottima opportunità che mi si presentava e non persi l'occasione. Decisi così di firmare il mio contratto di Affiliazione Commerciale con la Gabetti Spa. Ecco che si aprirono nuovi scenari, nuove prospettive e tante idee da realizzare con il numero uno della mediazione immobiliare italiana. Con la firma dell'affiliazione a Gabetti iniziò una nuova e stimolante avventura che mi avrebbe fatto capire, conoscere, analizzare, valutare, la filosofia e la vera aspirazione del più grande mediatore e imprenditore nel settore immobiliare.

Il Cav. Giovanni Gabetti, nel 1994, ci invitò al primo ed unico Master immobiliare che si tenne a Montecarlo, dove lui aveva una delle sue meravigliose residenze. Un'esperienza indimenticabile, favolosa e ricca di spunti, di aneddoti di vita vissuta dal più grande mediatore immobiliare. Per imparare ci sono tanti modi, tanti metodi e tante scuole, io ho avuto la fortuna e l'opportunità di avere come maestro il primo e più rinomato mediatore in Italia. Rimasi colpito dalla sua semplicità di uomo, capace di rapportarsi con noi senza altezzosità. Ricordo perfettamente quando ci disse: "Abbiate rispetto per i vostri clienti e non lasciatevi ingannare dai titoli, dalle grandi ricchezze, ma rispettate tutti i clienti allo stesso modo, il ricco e il povero sono due persone che vogliono vendere la loro casa e meritano rispetto per i loro sacrifici. Ogni casa ha il suo prezzo e ogni cliente ha il suo valore".

Montecarlo è stato uno dei momenti migliori per apprendere, per conoscere la vera identità del re del mattone, con lezioni teoriche e pratiche, con esercitazioni e simulazioni di attori. Cito una delle frasi più celebri della letteratura di tutti i tempi, che è stata oggetto di diverse interpretazioni, e che G. Gabetti cercò di insegnarci attraverso varie prove da teatrino: "Essere, o non essere, è questo il dilemma." Con questo famoso dubbio amletico ci volle trasmettere l'interrogativo esistenziale del vivere soffrendo, essere, o ribellarsi rischiando di morire, non essere, che è alla base dell'indecisione e che impedisce ad Amleto di agire. Ecco una delle grandi virtù/qualità che ho imparato anche da

Gabetti: la capacità di agire, intesa anche come coraggio di rischiare, di affrontare le insidie della vita e del lavoro autonomo.

Del resto, come anche altri luminari della Formazione ci hanno detto e suggerito, è sempre preferibile avere dei collaboratori che agiscono, che si danno da fare, anche, talvolta, in maniera confusionaria, piuttosto che avere gente che è ferma, bloccata, per paura di sbagliare o perché indecisa. La decisione con la quale si affronta un problema, una situazione, ci pone in maniera autorevole nei confronti del mercato, se si è anche competenti e preparati.

Ad esempio, io mi rapporto con i miei clienti in maniera consulenziale per aiutare le persone a prendere delle decisioni importanti, quali la vendita di una casa, l'acquisto di una azienda o la sua cessione. Molte persone non sanno che pesci prendere, cosa fare, quale strada seguire per raggiungere il loro scopo.

È un momento importante quello della decisione, a chi affidare un incarico o un mandato di vendita immobiliare. Oggi, per esempio, prima di continuare a scrivere il libro che stai leggendo, ho incontrato un cliente di Tarquinia, che ha una tenuta di 10 ettari in Ciociaria. Mi aveva chiesto un appuntamento per parlarmi di questa sua proprietà, un'ex azienda agricola con tre casali sovrastanti avuti in successione, e voleva sapere da me come va il mercato locale, quale fosse l'andamento, quali potevano essere i valori della sua tenuta, come potevo aiutare e in che modo.

Un tipo molto attento, mi ha riempito di domande, insomma mi osservava, voleva capire qualE era il mio approccio e se potevo veramente aiutarlo. Infine, voleva conoscere quale potesse essere la mia valutazione immobiliare per la sua tenuta di Roccasecca in Ciociaria.

Per mia fortuna conosco molto bene il mercato immobiliare e gli ho dato la mia valutazione, reale, veritiera, senza gonfiare e senza svalutare. Siamo stati oltre un'ora per definire tutti gli aspetti legati al conferimento dell'incarico e al sistema di gestione della promozione, per la vendita della sua tenuta di dieci ettari con tre casali. Come pensi che sia andata a finire? Acquisizione fatta in esclusiva, con provvigione piena e a prezzo di mercato.

Il cliente, contento della mia consulenza e dei miei suggerimenti per vendere al meglio la sua proprietà, soddisfatto e sereno, avrebbe continuato a parlare, ma era finito il tempo dedicato al suo appuntamento e così ci siamo salutati con una promessa: vendere la sua ex azienda agricola-tenuta entro 180 giorni.

Una delle cose che dico sempre ai miei corsi è che una delle qualità di un eccellente consulente è la capacità di saper ascoltare, prestare la massima attenzione ai problemi/necessità del cliente. Capire, analizzare, elaborare insieme al cliente stesso tutti gli aspetti per proporre le soluzioni più adatte al raggiungimento dello scopo.

Noi lavoriamo per il cliente e con il cliente. Nella mediazione è importante essere imparziali, avere un atteggiamento super partes e dare sempre ipotesi di soluzioni chiare e reali. Non possiamo tifare per una delle parti in gioco, venditore o compratore. Dobbiamo sempre ricordarci che la provvigione ci viene pagata da entrambe le parti se l'affare si conclude. Quindi non possiamo sbagliare, deve essere un modus operandi, una linea guida, dare ad entrambi i clienti il giusto valore alle loro esigenze, alle loro aspettative.

Ora ti racconterò di quando, dopo una consulenza fatta per la valutazione e la messa in vendita di una bella villa, il cliente per decidere a quale prezzo metterla sul mercato si rivolse oltre che a me anche ad altre agenzie/agenti immobiliari. Potresti pensare che sia normale che un cliente prima di affidare un incarico di vendita senta più agenti immobiliari. Certamente ed è giusto che sia cosi, specialmente quando la villa è centrale e molto appetibile. Infatti, il mio concorrente, si accaparrò il cliente con una valutazione di quasi 90 mila euro superiore alla mia di valutazione. Ecco uno dei più grandi errori da evitare per l'acquisizione di una proprietà da vendere.

Mai sopravvalutare, tanto poi alla fine il mercato decide il prezzo finale. Quel cliente si sentì deluso, insoddisfatto, sfiduciato dall'agenzia che gli aveva promesso il prezzo più alto. Mi richiamò dopo la delusione e la constatazione che l'altro agente immobiliare non era riuscito a vendere la villa.

Mi confidò che nel corso della gestione della vendita immobiliare, questo concorrente (pseudo agente) non presentò clienti acquirenti capaci, finanziariamente, di acquistare la casa, ma solo gente che aveva un'idea di vedere le case, non di comprare. La mia soddisfazione è stata grande, il cliente è tornato da me che gli avevo fatto una valutazione più bassa durante la mia consulenza, e l'atra agenzia ha speso tempo soldi e risorse senza ottenere alcun risultato positivo. Anzi, ha ottenuto un risultato molto negativo sulla sua reputazione. Infatti, la reputazione è uno dei requisiti principali per penetrare un mercato e conquistare posizioni. Cosa significa avere una buona reputazione? Perché nel campo immobiliare, nei servizi immobiliari è fondamentale farsi una buona reputazione?

Parliamo di come si arriva attraverso il processo di acquisizione a diventare un grande professionista del real estate. Ho scelto una decina di punti per darti alcuni spunti/idee di come io approccio e affronto la questione.

1) Il venditore/proprietario firmerà il mandato/incarico e lo darà all'agente/mediatore che se lo guadagna attraverso la sua presentazione/reputazione per aver dato prova di competenza,

professionalità, serietà, etc.

2) I venditori/proprietari non vogliono avere a che fare con un agente/mediatore non competente e insicuro, ma con qualcuno che sia forte nelle sue conoscenze/competenze. Per prendere un incarico non è importante la simpatia, ma è necessario il rispetto per il cliente e per l'immobile. Ti devono rispettare, non amare.

3) Una grande acquisizione, una grande performance consiste nel fare ottime domande in quanto non stai lì a dire la tua opinione o a fare una conversazione.

4) Le prime impressioni sono importantissime, fai un upgrade/miglioramento del tuo stile. Devi farti una reputazione.

5) Ricordati che durante un appuntamento di acquisizione immobiliare, la logica fa riflettere il cliente (analisi di mercato, prezzi, quotazioni, dati, etc.), mentre l'emozione li fa passare all'azione. L'emozione si crea con entusiasmo, domande,

energia.

6) I venditori/proprietari vogliono lavorare con agenti immobiliari determinati, autorevoli, che siano in grado di comprendere i motivi, i progetti dei venditori e, soprattutto, che siano in grado di dirgli la verità.

7) Al venditore/proprietario bisogna parlare sempre con franchezza, per quanto scomodo essa sia, ai clienti bisogna dire sempre la verità. Ne va della tua reputazione.

8) Il mercato determina il prezzo e non l'agente/mediatore, ma il mediatore/agente può "fottere" il mercato inserendo immobili fuori prezzo. Noi agenti/mediatori, siamo dei portavoce dei prezzi di mercato.

9) Durante la definizione del prezzo di vendita, domandati sempre se stai fissando il prezzo che causerà la vendita dell'immobile. Per me lo scopo è prendere l'incarico per vendere l'immobile.

10) I soldi stanno dalla parte dei venditori/proprietari di case. C'è entusiasmo nel firmare un mandato/incarico di vendita. È un forte segno di potenza, professionalità e capacità.

RIEPILOGO DEL CAPITOLO 2:

- SEGRETO n. 1: Affronta le sfide con ottimismo, non pensare che sia facile, ma solo tu puoi generare pensieri positivi. La tua mente è il motore: dai energia positiva e sarai pieno di affari.

- SEGRETO n. 2: Partecipa sempre agli incontri anche se momentaneamente non sembrano produttivi. Ti aiuteranno a capire gli altri e a conoscere il mondo delle relazioni positive.

- SEGRETO n. 3: Per vendere una casa, ci vuole molta dedizione, non prendere la cosa con superficialità. Il tuo cliente è lì che aspetta.

- SEGRETO n. 4: Costruisci una scala dei tuoi valori, per costruire la tua reputazione. La base del successo duraturo si regge sulla reputazione.

- SEGRETO n. 5: Quando un cliente è esigente vuol dire che si aspetta un professionista capace di risolvere il suo problema. Dagli la dimostrazione della tua competenza professionale.

Capitolo 3
Come migliorare il proprio futuro

Nel 1990, ero già molto avviato con le mie tre agenzie immobiliari e con i miei collaboratori, le cose andavano abbastanza bene e ad un certo punto mi chiama uno dei personaggi più significativi del panorama immobiliare di Milano e italiano che avevo conosciuto anni prima al Master della Sda Bocconi.

Alberto Lunghini, ideatore e fondatore della A.I.C.I. (associazione italiana consulenti immobiliari), grande professionista, grande idealista e visionario del mondo immobiliare. Alberto mi racconta della sua idea di realizzare un Master per consulenti immobiliari a Milano con un programma di quattro moduli, in modo da poter dare la possibilità di scegliere a quale modulo partecipare.

Gli chiedo di farmi avere tutte le informazioni per questo master, con tutti i relatori e i docenti e inoltre tutti i testimoni. Quando Alberto fa le cose le fa con impegno, con grande attenzione e con lungimiranza. Ricordo ancora il programma e i nominativi dei relatori (Halbert C. Smith, B. B. Bressan, T. Somasca, Alberto Lunghini), dei docenti (F. Alberoni, F. Dettori, H.C. Smith, R. Rizzardi, M. Perotti, G. Nori, A. Bernardi) e dei testimoni, (L. Arborio Mella, A. Guarnieri, R. Trella, C. Pratt, P.L. Novello, G. Minetti, M. Morris), solo per citarne alcuni.

Tutti personaggi di alto livello professionale e sociale ma soprattutto culturale. Ho avuto solo un dubbio, come fare per organizzarmi e partecipare, lasciare le mie agenzie per seguire i quattro moduli a Milano e per quattro settimane. Il progetto e il programma erano troppo importanti per me e per la mia crescita professionale, culturale e immobiliare.

Chiamo Alberto e gli confermo la mia partecipazione. A Giugno sono a Milano per il primo modulo, poi a Luglio per il secondo modulo, poi a Settembre per il terzo, infine a Ottobre per il quarto e ultimo modulo. Un'esperienza ed una formazione ad altissimi livelli, con la conoscenza di persone provenienti da diverse culture immobiliari e da diverse aziende, oltre che da diversi paesi (Milano, Torino, Verona, Bergamo, Londra, Roma, Venezia, Bologna).

Alcuni dei maggiori esperti del settore, anche a livello internazionale, ci hanno offerto e raccontato una panoramica completa sui vari temi di quel periodo, tra cui: marketing immobiliare; nuovi approcci alle valutazioni immobiliari; problematiche penali per il settore immobiliare; rapporto con il mercato e gli intermediari in acquisizione e vendita; gestione statica dei patrimoni immobiliari; psicologia e sociologia urbana; mercato immobiliare nazionale e internazionale; problematiche valutarie, fiscali, societarie; finanziamenti immobiliari e strategie di investimento; il consulente Immobiliare interno all'azienda; la rivoluzione elettronica/personal computer e gli immobili; il futuro delle professioni Immobiliari.

Tutti i temi trattati erano poi completati in modo organico con le esercitazioni pratiche di gruppo. Alla fine di ogni modulo, eravamo noi partecipanti ad esprimere attraverso delle schede di valutazione sia i docenti che i temi trattati. Ti chiederai se tutte queste lezioni, tutte queste nozioni ed esercitazioni sono state realmente utili.Se le ho messe in pratica.Se sono riuscito ad ottenere un ritorno economico.

Io parto dall'idea che per poter essere un buon medico, un buon avvocato, un buon ingegnere o ancora un affermato artista devi sempre stare in allenamento, devi sempre pensare a migliorarti per soddisfare le esigenze dei tuoi clienti, del tuo pubblico. Ho conosciuto in uno dei tanti corsi di aggiornamenti, uno dei più grandi cantanti viventi della musica italiana il tenore Andrea Bocelli, il quale nella sua breve relazione, tenuta come ospite in quel di Sorrento per la M.F.O., ci raccontò che prima di dedicarsi completamente al canto, lavorava presso uno studio legale, come assistente.

Bocelli decise di lasciare quel lavoro per seguire la sua passione, la musica e il canto. Non è stato per niente facile all'inizio, raccontò alla platea. Andrea viene da una famiglia di origini contadine nelle vicinanze di Volterra. Ipovedente fin dalla nascita, si è laureato in Giurisprudenza e diplomato in canto lirico. Da ragazzo cantò in varie chiese e nei piano bar della provincia. Ci raccontò che la sua passione e la sua volontà erano talmente forti da superare ogni difficoltà, perché lui aveva un sogno, un obiettivo, quello di diventare un grande cantante, e per raggiungere il suo obiettivo doveva allenarsi continuamente doveva migliorarsi continuamente, doveva studiare, applicarsi e raggiungere le migliori performance.

Ancora oggi, Andrea, prima di ogni esibizione si allena, riscalda la voce, non smette mai di stare in forma, perché deve dare il meglio di sé ad ogni spettacolo per non deludere il suo pubblico. È come i grandi calciatori, si allenano sempre, continuamente, per dare sempre il meglio quando scendono in campo.

Gli studi fatti con AICI/Lunghini, in collaborazione con l'università della Florida, e in particolare con Halbert C. Smith, responsabile Real estate Research Center, mi hanno permesso di arricchire il mio curriculum professionale e così, nel 1993, iniziai a tenere dei corsi, prima presso l'associazione di categoria Confcommercio/Fimaa di Frosinone, e qualche anno dopo presso la Camera di Commercio di Frosinone. Quindi, come puoi immaginare, mi sono ritrovato da allievo/partecipante ai corsi, a docente nella mia provincia per i corsi di preparazione agli esami per diventare Agente immobiliare e Agente con mandato a titolo oneroso.

Una bella soddisfazione, tutti i corsi fatti, l'impegno per seguire i vari master e aggiornamenti nel settore immobiliare mi stavano ripagando di tutta la fatica. Voglio sottolineare che io non pensavo di arrivare a insegnare ad altri come si fa per diventare un agente immobiliare. Il mio obiettivo era quello di imparare bene la mia professione, di avere un'agenzia immobiliare affermata, di sviluppare una piccola rete locale e conseguentemente di ricavare un profitto per vivere dignitosamente.

Il mio lavoro è bellissimo, è un lavoro utile alla collettività, alle famiglie, alle aziende, e da quando insegno alla camera di commercio è un lavoro utile anche alla mia categoria di professionisti, che per poter superare l'esame ed iscriversi all'ex ruolo vengono ad assistere e ad imparare da me (come agente immobiliare), e da altri docenti (avvocati, commercialisti, agronomi, etc.) per le altre materie previste dal Ministero dello sviluppo economico.

Le materie che mi vennero assegnate erano esattamente due: Mediazione immobiliare e aziendale e Mercato immobiliare e Marketing immobiliare. Poi, nel corso preparatorio previsto dalla legge 39/1989, vi sono altre discipline, da quelle fiscali/tributarie a quelle societarie, da quelle legali del diritto immobiliare a quelle di estimo etc.

Questa opportunità, ovvero il fatto di insegnare la mia professione ad altri è stata per me una continua sfida. Alcuni colleghi, che avevano già la propria agenzia, mi dicevano che mi sarei messo in casa la concorrenza. Non avevano capito nulla di questo lavoro. Insegnare da oltre 25 anni la disciplina della professione di mediatore è per me come andare in palestra, è un metodo sano per mantenersi allenato e in forma.

Allenamento per me vuol dire essere attento e seguire tutte le nuove normative del mondo immobiliare. Ogni anno ci sono nuove regole, nuove leggi, che condizionano il campo immobiliare. Allenamento per me vuol dire essere preparati per ogni corso che devo tenere alla Camera di Commercio. Succede spesso, durante le lezioni, che uno degli allievi, ti pone un quesito, una domanda specifica, su un argomento nuovo, io non posso essere impreparato, devo assolutamente dare una risposta adeguata e professionale. Non posso deludere gli allievi.

Un giorno durante una lezione sulla disciplina della professione di mediatore un giovane venne a chiedermi un consiglio. Era un ragazzo intelligente e si era laureato a pieni voti all'università "La Sapienza" di Roma ma intendeva dedicarsi all'attività immobiliare. Stava collaborando con un'agenzia immobiliare ma i risultati erano un po' scoraggianti. "Mi dica francamente Dott. Alfano" – domandò – "crede che io sia nato per fare il mediatore?". "No", gli risposi, e vidi che impallidiva, e aggiunsi: "Nessuno nasce mediatore o venditore, come si dice in gergo commerciale, ma chiunque può diventarlo, se ci mette tutta la buona volontà necessaria."

Molte società-aziende fanno corsi sulla qualità, sulla costruzione della "corporate reputation", poiché il grado di fiducia e di stima che i consumatori hanno nei confronti dell'azienda/agenzia è un concetto molto complesso, perché racchiude percezioni, aspettative e valutazioni nei confronti dell'agenzia. Le attività di comunicazione, di pubbliche relazioni, di condotte aziendali, della trasparenza, dei risultati ottenuti in tanti anni di attività, sono infine il risultato della storia di un'agenzia/azienda. Ecco, allora, che il giudizio di valore da parte del pubblico e degli utenti è importante nei confronti di un'azienda/agenzia.

Soprattutto in un contesto socio-economico come quello attuale, dove una buona reputazione è essenziale, è la strada maestra per attrarre sempre nuovi clienti e aumentare la propria notorietà. Il marchio e il logo sono elementi distintivi che ti fanno capire subito con chi hai a che fare, non sei anonimo, SE hai una storia da raccontare.

La fama, il rispetto, l'autorevolezza si conquistano sul campo, con serietà e impegno, negli anni, con una linea guida, con dei principi sani e sempre rispettosi del cliente. Ricordo sempre l'insegnamento avuto da G. Gabetti in persona: "<u>Trattate il cliente con attenzione e con rispetto anche se deve vendere una casetta da poche migliaia di euro. Perché dietro la casetta c'è una persona,</u>

una famiglia che ha fatto dei sacrifici che vanno rispettati e valorizzati".

Negli ultimi tre anni mi sono accorto che il mio mercato è aumentato notevolmente, la mia fama di agente immobiliare serio e professionale, che riesce a vendere bene le case, mi sta ripagando molto di più di quello che potevo immaginare tanti anni fa. Sembra che la gente sia convinta che io possa fare miracoli sul lavoro. Credimi, certe aspettative sono fuori luogo, se potessi fare miracoli non ci sarebbe bisogno di resoconti periodici sulle vendite immobiliari.

A mio parere, quando un'agenzia diventa famosa bisogna tenere i piedi ben piantati per terra, altrimenti si finisce per disperdere tutto nel vento, come la sabbia. Quindi la storia ci insegna che trattare con le persone è un'arte, non si possono trattare tutte le persone allo stesso modo perché ognuna è diversa dall'altra.

Nei primi anni '90, dopo che avevo già fatto alcuni corsi di studio tra la SDA Bocconi e la AICI di Milano, ebbi modo di affrontare con il mio amico Terenzio la questione dello sviluppo e della espansione delle mie agenzie. Avevo capito che era un buon momento per pianificare la mia carriera nel settore immobiliare. Quando decisi di aprirmi al franchising immobiliare, avevo già tre agenzie dirette, ero dell'idea che con un partner di grande rilevanza e notorietà avrei potuto sfruttare al massimo le sinergie derivanti da tale accordo commerciale.

La situazione però si presentò assai diversa, infatti i dirigenti della Spa Gabetti erano tutt'altro che preparati a tale iniziativa di espansione territoriale attraverso la rete in franchising, tanto che noi "op. imm." (questo era lo pseudonimo degli affiliati) ci sentivamo figli minori, mentre la rete diretta, dei privilegiati.

Noi pagavamo alla casa madre le royalties, loro, i figli privilegiati, venivano pagati profumatamente, specialmente i dirigenti e i vari responsabili. Comunque, il franchising Gabetti per i primi anni è stato tutto in salita, si continuava a cambiare strategia, si cambiava il management continuamente, mi sembrava che la società (quotata in borsa) fosse diventata un bancomat per i dirigenti e per i dipendenti.

Qualcosa non andava e noi affiliati che eravamo al fronte, dove si combatteva la vera guerra commerciale, dovevamo fare i conti con il mercato, con la concorrenza e con i conti economici che non quadravano. Solo dopo alcuni anni, dopo che molti degli affiliati avevano abbandonato, si cominciò a vedere il sole. Io avevo resistito poiché avevo già una base ed avevo le mie tre agenzie che producevano fatturato. La mia esperienza, il mio intuito e la mia tenacia mi hanno fatto superare quel periodo di sofferenza e di disaffezione al franchising Gabetti.

Posso certo dirti che ogni anno vissuto con la maglia della "mamma Gabetti", è stato un anno di grandi conoscenze professionali e di relazioni per me e per i miei collaboratori. La scuola Gabetti è stata una scuola di vita e di formazione, non quella formazione che si fa nelle aule, o nei seminari, ma una formazione sul campo attraverso i miei colleghi, affiliati come me, che si davano un gran da fare per portare a casa i risultati.

Alcuni di loro hanno smesso addirittura di fare gli agenti immobiliari, altri hanno invece sviluppato la loro rete immobiliare, altri ancora si sono specializzati in servizi complementari alla attività di intermediazione immobiliare. Insomma, ne ho conosciuti tanti e con alcuni di loro sono ancora in relazione sia di affari che di amicizia. Ricordo un architetto che aveva tre agenzie tra la provincia di Latina e Roma, non era in sintonia con la filosofia del franchising Gabetti e dopo qualche anno lasciò per continuare la professione di architetto. Aveva uno studio affermato e con lui abbiamo condiviso alcuni affari e alcune soddisfazioni personali.

Nelle grandi occasioni delle convention annuali, per esempio, c'era sempre una grandissima opportunità di stare insieme ad altri affiliati e dirigenti, per scambiarsi le esperienze, per confrontarsi e per divertirsi. Montecarlo, Rimini, Milano, Parma, Roma, solo per ricordare alcune sedi delle convention Gabetti. Mi piace ricordare uno dei momenti storici in cui con la Gabetti avevo già molte agenzie in gestione (otto), e con alcuni miei colleghi avevamo deciso di aprire insieme una nuova agenzia, da scegliere tra Prato o Livorno.

Eravamo tre agenti: io, uno di Roma e uno di Ferentino. Sulla base dei dati che avevo a disposizione, dati scientifici e di geomarketing, avevamo condiviso di optare per la soluzione dell'apertura a Prato. Una bellissima realtà, il periodo era verso la fine del 2003 e la Toscana rappresentava una vera opportunità per noi tre. Progetto alla mano, conti fatti, decidiamo di firmare il contratto con la nuova apertura della zona di Prato ma ad un certo punto, uno dei tre ci ripensa, non se la sentiva più di investire tempo e risorse, ma noi due, io e il collega di Ferentino, decidemmo di continuare, ma ecco che poco prima della firma definitiva con la Gabetti, anche T.D. ci ripensa. Mi ritrovai da solo, con un progetto realizzato sulla carta e senza gli altri due attori principali.

Tu che avresti fatto? Avresti abbandonato, oppure saresti andato avanti lo stesso? Era sicuramente una decisione difficile da prendere, ma come sempre la mia determinazione e il mio carattere contribuirono a farmi andare avanti.

E così in meno di 6 mesi aprii la mia nona agenzia immobiliare a Prato. Ricerca dei locali, ricerca e selezione dei collaboratori da inserire nella filiale di Prato, sono solo alcuni dei compiti che mi attribuii per aprire l'agenzia. Ho conosciuto il territorio, i cinesi, la più grande comunità italiana di cinesi in Italia. Ho conosciuto la gente della Toscana, Firenze, Pisa, Viareggio, solo per citare alcune zone, e quando nei corsi ci dicevano che conoscere il mercato significa prima di tutto conoscere il territorio, mi resi conto, ancora una volta, che era proprio così.

Il mercato immobiliare è un mercato locale, devi conoscere il territorio, le strade, le piazze, i luoghi, le culture locali, le usanze e i costumi, poiché ogni zona è diversa dalle altre. Quindi per conoscere i prezzi e le quotazioni è necessario prima di tutto conoscere il territorio.

Nel 2007, quando il mercato immobiliare cominciò a dare i primi segni di debolezza, mi resi conto che avrei dovuto riflettere e valutare con attenzione su cosa fare per il futuro. Ancora una volta il mio intuito e la mia esperienza furono determinanti per le decisioni che di lì a poco avrei dovuto prendere.

Infatti, negli anni successivi le cose non andarono per niente bene e il settore immobiliare si avviò verso una discesa interminabile e conseguentemente diminuirono le compravendite e le commissioni per gli agenti immobiliari. Ricordo con molto piacere una delle tante opportunità che il mio lavoro mi ha dato (e che continua a darmi ancora oggi): stavo tranquillamente tenendo una delle mie lezioni sulla disciplina del mediatore immobiliare, in camera di commercio quando mi si avvicina uno dei corsisti abbastanza attempato, che non conoscevo bene, ma che avevo notato seguire con molta attenzione le mie lezioni.

Mi domanda: "Dott. Alfano cosa bisogna fare per diventare un agente immobiliare della Gabetti?". Gli risposi: "Prima supera l'esame di abilitazione per esercitare la professione e poi puoi fare richiesta alla direzione oppure puoi chiedere a me, che da oltre 15 anni opero con successo come affiliato della Gabetti nel Lazio e gestisco una decina di agenzie immobiliari".

Allora lui ci pensò un attimo e disse: "Va bene, allora mi interessa aprire una agenzia Gabetti a Frosinone, cosa devo fare?". Risposi che poteva comprare la mia di agenzia immobiliare, molto attiva sul territorio con una buona clientela e con un ottimo team. Vuoi sapere come andò a finire? In meno di quanto tu possa pensare questa persona diventò prima mio socio, pagandomi la cessione del 50% dell'agenzia immobiliare e, successivamente, dopo un anno gli cedetti anche l'altro 50% con una grande soddisfazione, sia economica che professionale, poiché la cessione di un'agenzia immobiliare non è per niente semplice, soprattutto se il prezzo è molto elevato come è successo nel mio caso. Infatti, la cessione della mia agenzia immobiliare è stata una delle cessioni più alte mai avvenute in quel periodo storico della Gabetti.

Torniamo al periodo pre-crisi: io avevo le mie agenzie che ormai erano una decina considerando anche le due ultime acquisizioni, a Prato e a Roma, da un caro amico con cui abbiamo portato avanti diverse battaglie anche nei confronti della società Gabetti negli ultimi tempi di permanenza.

Gestivo una quarantina di collaboratori/dipendenti, segretarie, una mole di lavoro da portare avanti ma qualcosa cominciava a non tornare. Incassavo tantissimo dalle commissioni di mediazione, ma i costi erano altissimi. La situazione richiedeva una pausa di riflessione attenta e rivolta al futuro delle attività immobiliari. La Gabetti stava cambiando pelle, strategia e management, le cose non andavano più come prima, le agenzie affiliate erano tutte in difficoltà e il mercato immobiliare stava cambiando in negativo.

Ero arrivato ad un bivio, dovevo decidere il mio futuro e la mia vita, di nuovo, con intelligenza e con determinazione, come avevo sempre fatto nel passato. Decisi di mettere in vendita le mie agenzie, visto che una era stata già ceduta con grande ritorno economico, così cedetti anche le altre, alcune agli stessi collaboratori che lavoravano per me. Mi tenni le mie due agenzie storiche che erano per me le mie radici e le tenni fino a quando non rinnovai più il contratto di franchising con Gabetti nel 2009.

La mia idea iniziale di sviluppo e di espansione si stava rivelando non più adatta al contesto socio-economico e, di fronte al cambiamento esterno, bisognava decidere come affrontare il mercato. Questo era il punto cruciale, come affrontare un mercato immobiliare tendenzialmente in crisi. Nella vita ci sono momenti belli e momenti meno belli, la felicità è fatta anche di piccole cose, di piccoli segni e tu devi capire quei segnali che il mondo esterno ti sta comunicando.

Quando capisci che non è il caso di continuare, devi fermarti, mentre, quando capisci che devi andare avanti, non fermarti, vai dritto per la tua strada. Perché alcuni di noi volano di successo in successo, mentre altri, anche se dotati di grande talento, precipitano in una situazione fallimentare? Cos'è che fa andare avanti un'azienda, un'organizzazione, una famiglia? Gli alti e bassi ci sono sempre stati, le vittorie e le sconfitte fanno parte di cicli e di momenti storici. Il segreto per trasformare una fase dal declino alla risalita sta nella fiducia, perché quando una persona sa di poter contare su sé stessa o su un team, allora si possono compire imprese davvero straordinarie. Questa teoria è valida per tutti, singole persone, gruppi, società, organizzazioni, nazioni. La fiducia aiuta a costruire il successo.

Costruire la carriera e il futuro

Come mi devo comportare per migliorare il mio futuro e per costruire una solida carriera?

1) L'impostazione mentale rappresenta tutto quello che accade in un determinato momento rispetto ad una situazione e/o rispetto alle persone che vediamo. Quindi noi diventiamo come le persone che frequentiamo. Le persone che sono intorno a noi ci

stanno aiutando ad avere la forza necessaria,ad avere successo o ci stanno penalizzando?

2) Cerca di essere sempre onesto con te stesso sui livelli delle tue competenze, così che tu possa sviluppare la forza mentale per vincere ogni giorno. Il pensiero negativo è sempre più forte del pensiero positivo. Devi eliminare i pensieri negativi dalla tua vita quotidiana.

3) Devi sviluppare un inarrestabile desiderio di raggiungere i tuoi obiettivi professionali a dispetto degli alti e bassi della vita di tutti i giorni. Elimina la possibilità del fallimento.

4) Una grossa fetta del tuo successo poggia sulle seguenti tre parole: <u>atteggiamento, approccio ed aspettative.</u> Impegnati a capire la forza di queste tre parole. Per rafforzare la tua impostazione mentale, passa meno tempo a confrontarti con gli altri e più tempo cercando di ottenere quello che c'è nel tuo business plan.

5) La disciplina è un fattore determinante per il mantenimento di una forte impostazione mentale e la disciplina parte dal

dominare alcune piccole cose (o si domina o si è dominati). Scegli un argomento, un obiettivo, e lavoraci per almeno 90 giorni consecutivi. Definisci un obiettivo nei seguenti cinque aspetti della vita:

*fisico

*mentale

*spirituale

*familiare

*economico

Ricordati che noi diventiamo ciò a cui pensiamo più di frequente, quindi pensa giornalmente ai tuoi obiettivi ed essi diverranno realtà.

6) Cerca di condividere i tuoi obiettivi di lavoro con la tua famiglia o con le persone a cui sei più vicino. Mostragli i benefici derivanti dal raggiungimento di tali obiettivi. Quanto più è il supporto che ricevi, tanto meglio sarà per te.

7) Un obiettivo è un sogno che noi ci impegniamo a realizzare ed

a cui mettiamo una data di scadenza entro la quale trasformarlo in realtà.

8) Se il tuo obiettivo è quello di vendere oltre cento immobili l'anno, non te la devi prendere se per un po' di tempo la tua vita ti apparirà sbilanciata, fa parte del processo. Dobbiamo pensare in grande e concentrarci sul nostro programma/piano di lavoro.

9) Ricordati che il successo è la realizzazione progressiva di un obiettivo o di un risultato significativo.

10)   Presenta al cliente i tuoi risultati con una domanda. Le persone/i clienti vogliono affidarsi ai vincenti. Bisogna vendere i propri risultati, i progressi, i miglioramenti.

RIEPILOGO DEL CAPITOLO 3

- SEGRETO n. 1: Per costruire il successo che stai cercando, devi lavorare duro. Non conosco segreti che possano aggirare questo fatto, ma conosco come fare: lavorare, studiare, e poi ancora, studiare, lavorare e apprendere dagli altri.

- SEGRETO n. 2: Devi cercare e creare le tue opportunità, nulla avviene per caso, sei tu che ricerchi il tuo mondo, i tuoi clienti, i tuoi affari.

- SEGRETO n. 3: Crea valore alla tua agenzia/attività. Potrebbe capitare un'opportunità di cessione e potrebbe essere il momento giusto per fare un buon affare.

- SEGRETO n. 4: Valutare un mercato, valutare una casa, valutare un terreno, valutare un'azienda. Ecco il segreto: devi conoscere il mercato, studiarlo, analizzarlo e non smettere mai di studiare.

- SEGRETO n. 5: Se ti propongono un affare fuori dalle tue conoscenze, non rinunciare, ma verifica, approfondisci, valuta l'opportunità che ti offrono, puoi sempre dire no in seguito.

Capitolo 4

L'arte di mediare e concludere qualsiasi affare

Come si diventa un grande mediatore d'affari? Qual è la strada sicura che ti porta a concludere tanti affari immobiliari? Quale segreti bisogna conoscere per diventare il numero uno nella mediazione? Quali studi bisogna seguire per essere professionale e competente? Questi sono solo alcuni degli interrogativi per chi, come te, che sta leggendo questo libro, decida di impegnarsi in una delle più belle professioni al mondo: il mediatore d'affari o, come più comunemente viene chiamato oggi, "l'agente immobiliare".

Questa figura che fin dai primi anni del 1900 è stata sempre vista come un sensale, figura poco importante, una persona che si intrometteva negli affari di famiglia, è poi diventata la figura che facilita l'incontro tra chi vende immobili e/o aziende e chi vuole comprare.

Dopo oltre un secolo di storia, di evoluzione e di continui aggiornamenti sulla professione di mediatore, posso sicuramente confermare che è diventato sempre più difficile esercitare quest'attività poiché gli esami per accedere alle iscrizioni presso le camere di commercio sono sempre più complessi.

Come sempre, però, dipende da come si intende esercitare la professione, con quale spirito e con quale obiettivo. Ci sono tante scuole che ti fanno fare i corsi di preparazione per gli esami camerali, ci sono molte accademie autorizzate dalle regioni che facilitano il percorso preparatorio, solo che spesso poi quando si arriva davanti alla commissione d'esame si è impreparati.

Allora ti rendi conto che forse era molto meglio studiare, applicarsi sui libri, sulle dispense che vengono fornite per prepararsi a sostenere l'esame per l'abilitazione all'esercizio di mediatore professionale. Come puoi immaginare dipende sempre, o quasi sempre, da te, dalla tua idea di base, dal tuo modo di vedere il mondo, il lavoro, il futuro. Il tuo destino è nelle tue mani.

Non credo nelle frasi fatte, nei tanti luoghi comuni, credo invece che quando si vuole ottenere un risultato bisogna lottare, combattere, per raggiungere un obiettivo, una promozione, a scuola o sul lavoro. Tanti anni fa, oltre 30 anni fa, mi capitò tra le mani un libro che mi colpì molto. Questo libro è il libro dell'individuo, ovvero il libro del valore, della dignità e dell'affermazione dell'individuo.

È il libro di chi vuole vivere da protagonista e non da semplice comparsa, cioè da dominato, di chi vuole essere il vero artefice della propria esistenza, di chi "non sopporta di non conseguire il successo". Il libro era scritto da un autore a me sconosciuto, si chiamava Dario Bernazza, un filosofo autodidatta che pubblicò vari libri di successo, come questo libro appena citato, che s' intitolava "O si domina o si è dominati". Lo lessi molto velocemente e rilessi più volte alcuni capitoli, in quel periodo.

Quel libro mi ha dato degli spunti per aumentare la fiducia in me stesso, favorì in modo importante, quasi determinante, il conseguimento di successi che altrimenti sarebbero rimasti per sempre allo stato di semplici sogni. Perché oggi si è perso il senso della vita? Delle cose che contano veramente? I giornali, la televisione, il cinema, i social, tutti denunciano gli innumerevoli mali che affliggono le persone e la società. È difficile trovare chi sappia indicare come si può fare, ciò che si può fare, in modo razionale e concreto, per rimediare a tali mali. Quindi, abbiamo bisogno di terapisti, non di cronisti, questo è il vero bisogno.

Un libro o una trasmissione televisiva che si limitano a descrivere i mali senza proporre rimedi atti a sanarli è soltanto deprimente. Infatti, a che cosa serve un medico che sa diagnosticare le malattie, ma che non sa indicare nessuna cura valida? A tale proposito, voglio ricordare il mio primo viaggio in America nel 1995. Quando sono arrivato all'aeroporto J. F. K. di New York, mi capitò una piccola disavventura appena sceso dall'aereo.

Durante le operazioni di sbarco dei passeggeri, arrivati all'uscita con passaporto alla mano, l'addetto ai controlli mi pose alcune domande, ma io non conoscendo la lingua inglese, gli chiesi se ci fosse qualche interprete per capire bene, ma purtroppo mi disse di no. Rimasi sorpreso negativamente dalla loro organizzazione, non fu possibile capirsi, tanto che rimasi per parecchio tempo in balia della loro disorganizzazione. Ci volle un bel po' per uscire dall'aeroporto prima di imboccare, insieme a Joseph, le grandi strade intasate di New York.

Joseph era il cugino di mia moglie che vive lì da oltre 60 anni, e svolgeva due lavori per poter andare avanti con la sua numerosa famiglia. Aveva un barbershop e in più lavorava come guardia giurata nella sede locale della Pepsi-Cola. Joseph mi raccontò della sua vita in America, della sua emigrazione dall'Italia negli anni '60 per trovare lavoro. Un tipo in gamba, ottimista, un grande lavoratore, con la passione per la caccia e accompagnato dai suoi fedeli amici a quattro zampe.

Mi fece da "Cicerone" per alcuni giorni. Mi suggerì di vedere le Torri Gemelle, il Bronx, la Statua della Libertà, Rockefeller center, Central Park, la Trump Tower, etc. Chiesi a Joseph di presentarmi alcuni agenti immobiliari di New York, così conobbi alcuni Broker che avevano i loro uffici nei quartieri della metropoli. Ero curioso di conoscere dal vivo come lavoravano gli americani, come erano organizzati nelle loro agenzie immobiliari, con quali metodi e sistemi portavano avanti l'intermediazione di beni immobili.

Avevo sempre sognato di conoscere il mondo immobiliare USA, ed io nel 1995 ero lì a New York a parlare con gli attori principali del mercato immobiliare statunitense, per indagare come un agente trattava ogni singolo affare, dall'acquisizione dell'incarico alla conclusione della vendita mediata.

Gli agenti americani sono una vera potenza, sono considerati professionisti di alto valore. Certo, le opportunità che offre il mercato immobiliare USA non sono paragonabili al mercato immobiliare italiano, sia in termini di volume che di prezzi al metro quadrato. Gli americani sono sicuramente un passo avanti nel panorama delle professioni immobiliari.

Comprai vari libri in quel viaggio, erano tutti in lingua inglese, alcuni poi li feci tradurre in italiano. Uno tra i tanti libri che acquistai era particolarmente interessante ed era scritto da Tony Hoffman, dal titolo "Come negoziare con successo in beni immobili" (How to Negotiate Successfully in Real Estate).

Erano quindici capitoli sulla mediazione/negoziazione, 250 pagine di idee, suggerimenti, di esperienze fatte, di consigli pratici. Il titolo del primo capitolo era: "Conoscenza + Azione + negoziazione = $$$" Tutto parte dalla conoscenza, ovvero dall'apprendimento, dalla facoltà di percepire e di apprendere. La conoscenza, quindi, è la consapevolezza e la comprensione di fatti, verità o informazioni ottenute attraverso l'esperienza o l'apprendimento di ciò che avviene dopo, ovvero tramite l'introspezione a priori.

Aggiungiamo poi l'azione, ovvero il movimento, l'operare, l'agire, e la sua conseguenza in atti pratici. Quando ero titolare di una delle mie agenzie Gabetti, ricordo che per promuovere la mia agenzia feci realizzare su una Fiat Punto Bianca un logo con una scritta: "Gabetti l'immobiliare in Azione". Questa iniziativa suscitò molto interesse allora ed ebbe un grande successo nel Cassinate.

La negoziazione/mediazione, invece, è la parte conclusiva di un processo, di un percorso che ti porta a raggiungere un obiettivo. Ma su questo tema ci sono varie definizioni, varie linee di pensiero e occorrerebbe quindi un corso specifico per studiare e capire in profondità il significato che ogni settore gli attribuisce.

La negoziazione è un processo decisionale interpersonale che si rende necessario quando non è possibile raggiungere i propri obiettivi unilateralmente. Pensa, per esempio, ad una proposta di acquisto unilaterale. Se la fai ad un prezzo basso e con termini e condizioni non interessanti per l'altra parte, bisogna negoziare, trovare un modo per raggiungere un accordo. Esistono centinaia di testi e libri sull'argomento, corsi e seminari sul tema. Ti insegnano le tecniche e le capacità che occorrono per ottenere un buon negoziato.

La mediazione invece in cosa consiste? La mediazione consiste in un'attività, posta in essere da un terzo imparziale, volta a consentire che due o più parti raggiungano un accordo (che può essere di varia natura). Quindi, l'obiettivo nella "mediazione immobiliare" è quello di condurre le parti a trovare un punto di incontro o una soluzione di comune accettazione attraverso l'aiuto di un terzo: il mediatore, che opera tra le parti in conflitto di interessi, per aiutarle a trovare un'opzione che realizzi gli interessi ed i bisogni di ciascuno.

Ecco, quindi, una parte rilevante del lavoro di un mediatore, capire ed analizzare attraverso l'analisi delle loro esigenze e i loro bisogni, che, come abbiamo visto e capito sono esattamente all'opposto. Il venditore di solito vuole realizzare il massimo da una vendita immobiliare, mentre il compratore vuole comprare al minor prezzo possibile.

Potrei dirti che realizzare una mediazione positiva, ovvero una compravendita immobiliare, è sempre motivo di orgoglio, di soddisfazione e quindi di successo. Ma la cosa che ho notato negli anni è che quando sei nel ciclo del successo e le cose vanno bene, gli affari si concludono e i clienti crescono. Tutte le dinamiche interne personali e la chimica del team vengono valorizzate. Come nel calcio, le sconfitte generano sconfitte e le vittorie generano vittorie.

I giocatori vogliono far parte di una squadra vincente, vogliono essere dei campioni. Quanti spot pubblicitari potremmo fare per comunicare che siamo bravi, che siamo i migliori e poi constatare che quella pubblicità è stata un fallimento? Se un'agenzia immobiliare conclude dieci affari in un anno non è una agenzia di successo. Se una agenzia ne realizza cento è una agenzia di successo. A prescindere dai valori delle compravendite intermediate.

Come si fa vendere di più? Da quale punto o fase della nostra attività di mediatore dobbiamo sfidare il mercato? Semplice, dobbiamo stabilire prezzi davvero vendibili per gli immobili acquisiti. In una situazione di mercato immobiliare calante, io prendo solo incarichi con prezzi di vendita inferiori del 10% rispetto a quello che reputo sia il valore di mercato. In una situazione di mercato come quello attuale, il mio lavoro consiste nel comunicare, suggerire, dare consigli saggi ai proprietari per vendere meglio le loro proprietà.

Un mercato calante o decadente impone prezzi aggressivi, molto più aggressivi degli stessi prezzi già in atto nel mercato. È il mercato che stabilisce i prezzi, non gli agenti immobiliari. Per questo motivo io avviso sempre i clienti venditori che, visto il calo dei valori delle case, il modo migliore per vendere e limitare i danni è quello di mettere un prezzo di mercato vero o addirittura un po' più basso. In questo caso, molto dipende dalla motivazione del cliente di vendere. Perché solo chi ha una forte motivazione può capire il mio suggerimento ed accettarlo. Io di solito lavoro sulla motivazione del cliente e la uso come leva nella fase di negoziazione o rinegoziazione del prezzo, e a tale proposito uso le domande di prequalifica.

Qual è la morale? Se io vendessi prima la sua casa, il cliente preserverebbe l'attuale valore (o poco meno) prima che sia troppo tardi e possa perdere altri soldi. In conclusione, io di solito prendo l'incarico al prezzo che oggi reputo vendibile, se però questo non accade è perché i prezzi di mercato sono in discesa. Quindi, se accadesse questo, occorrerebbe, insieme al cliente, osservare e monitorare le attività sulla sua proprietà ogni 15 giorni, mantenendo un contatto continuo sia al telefono che di persona, per creare una relazione di cooperazione.

In questa logica di cooperazione faccio in modo che il cliente si senta responsabile di allineare e adattare il prezzo della casa a quello del mercato, in modo da evitare la perdita di acquirenti potenziali. Come avrai capito, il mio lavoro di mediazione inizia con la prima fase, quella dell'acquisizione del cliente-venditore, ovvero dell'acquisizione dell'immobile da vendere. La seconda fase è quella della valutazione immobiliare, mentre, la terza fase, è quella della trattativa acquisitiva con la firma dell'incarico. La quarta fase è quella della gestione dell'incarico di vendita, proseguendo con la fase della promozione e della pubblicità dell'immobile. (quinta fase)

La sesta fase è quella dell'appuntamento di vendita con il cliente-acquirente. La settima è quella della dimostrazione e la mostra della casa. L'ottava prosegue con la proposta di acquisto. Successivamente vi è la stipula del preliminare di vendita. Concludendo con la decima e ultima fase che è quella della stipula del rogito notarile.

Posso sicuramente dire e confermare che la cosa che più mi piace del mio lavoro è la fase dell'acquisizione, la parte che più si adatta al mio stile e al mio intendere l'attività di mediazione. La vera vendita riguarda il momento in cui tu sei faccia a faccia con il proprietario che deve decidere a chi affidare l'incarico di mediazione immobiliare.

Voglio raccontare, inoltre, come le esperienze altrui possano essere di aiuto per capire cosa fare, come comportarsi e come adeguarsi alle nuove esigenze di mercato e/o a situazioni difficili. Nel 2004, nel mese di ottobre, partecipai ad un evento, a Milano, organizzato dal HSM Group/World Business Forum, il più importante evento dedicato alla Business community. L'invito era a firma del Prof. Philip Kolter, che mi invitava a partecipare a questo straordinario evento, un forum di due giorni, per aggiornarsi, stringere relazioni, confrontarsi con altri business men o con gli esperti di strategia, di marketing e sales, e leadership.

Era un'occasione per incontrare i maggiori leaders di quel periodo, come Rudy Giuliani, Michael Porter, Jack Welch, Maurizio Dallocchio, Tom Peters e Stephen Covey, oltre al mitico Prof. Philip Kolter. Ricordo questo evento come uno dei momenti in cui ho appreso che tutti i grandi manager, i grandi leader internazionali hanno alcune cose in comune e che il concetto del successo ha diverse sfumature. Per esempio, ho appreso che è importante creare un'etica dell'apprendimento, del cambiamento, attraverso la condivisione e la discussione con gli altri. Ho avuto la conferma che insegnare agli altri quello ho imparato nel tempo è un incentivo alla crescita, per me e per il mio business. La lezione di Rudy Giuliani, come quella di altri autorevoli leader, fu per me un'iniezione di energia e di entusiasmo che mi accompagnò per molto tempo.

Nel 2009, dopo aver venduto quasi tutte le mie agenzie affiliate alla Gabetti, mi rimanevano le due sedi storiche di Cassino e Roccasecca, con le quali avevo deciso di avviare un nuovo progetto e di ritornare a lavorare con il mio nome: "Alfano Real Estate". Dopo 27 anni di duro lavoro ero arrivato a una svolta decisiva che mi fece rivivere tutta la mia storia. Così, sviluppai la mia idea, realizzando un piano di fattibilità (o Business Plan), e fondai la mia nuova società, una Srl con la quale ripartire per una nuova entusiasmante avventura.

Era un periodo in cui il mercato era in crisi profonda, le grandi organizzazioni, Gabetti, Tecnocasa, Toscano e tutto il comparto del franchising, stavano perdendo gli affiliati. Una delle più grandi crisi immobiliari si stava profilando all'orizzonte ed era arrivato il momento delle grandi scelte.

Senza ausilio di altri partner, senza aiuto di soci finanziatori, stavo lavorando con nuovi obiettivi, con nuovi sistemi tecnologici e con la consapevolezza che il mercato si sarebbe avviato verso un declino ancor più grave rispetto a quello che stavamo vivendo. Infatti, già dal 2006, quando scoppiò la crisi dei sub-prime, mi resi conto che anche noi in Italia ne avremmo pagato le conseguenze. Ecco perché decisi di mollare le agenzie in franchising.

Eravamo di fronte alla più grande crisi economica mondiale dal dopo guerra. La grande recessione mondiale scoppiò in America e fu innescata proprio dallo scoppio della cosiddetta bolla immobiliare. Proprio nel 2009, in Europa, la recessione determinò effetti profondamente negativi con forti riduzioni del PIL (Italia - 3,1%), causando la perdita di posti di lavoro, del potere di acquisto e la riduzione della domanda di abitazioni.

Perché, allora, ho deciso di intraprendere una nuova attività proprio in un momento di grave crisi? Perché mi hanno insegnato che è proprio nei momenti di crisi che si creano nuove opportunità. Ed è proprio vero.

Molti chiudevano le agenzie immobiliari, mentre alcuni abbandonavano il settore per dedicarsi ad altri lavori. Fu un momento molto particolare per me, mi dedicai a riorganizzare il mio business seguendo una nuova visione, ripartendo da zero, io la mia fidatissima segretaria Angela, mia moglie, che si occupava e si occupa ancora di amministrazione, un paio di collaboratori e la mia smisurata fiducia in me stesso, nelle mie capacità e nelle mie idee, ponendo attenzione ai mercati emergenti.

Quale era il mercato emergente? Quali caratteristiche aveva il nuovo mercato all'orizzonte e come andava affrontato?

Ti racconto come è andata quella volta in cui mi chiamò C.T., uno dei miei collaboratori, e mi disse che una signora inglese, che aveva comprato un palazzo d'epoca qui da noi, gli chiese se fosse stato possibile collaborare con la mia agenzia immobiliare. Mi disse che questa signora, che aveva ristrutturato il suo preziosissimo palazzo storico di oltre 600 mq, si era trovata senza volere in mezzo ad un nuovo business, quello degli acquirenti internazionali che per vari motivi erano interessati a comprare case d'epoca qui in Ciociaria.

La cosa mi piacque subito e così andai a parlare con questa simpatica english woman. Le mie domande furono poche ma riuscirono a farmi capire che l'idea di lavorare con clienti internazionali era vincente. Le chiesi:

1) Perché ha comprato casa qui in Ciociaria, ad Arpino?
2) Quale motivo l'ha spinta a scegliere questa proprietà rispetto alle tante offerte presenti sul mercato?
3) Come ha conosciuto la Ciociaria?
4) Perché vuole collaborare con la mia agenzia immobiliare?
5) Cosa pensa di ottenere da questa collaborazione?

Entrambi rimanemmo molto soddisfatti di quell'incontro conoscitivo. Dopo quel primo scambio di idee, entrò in scena mia figlia Claudia, che oltre a parlare bene 4 lingue (inglese, spagnolo, tedesco, francese), lavorava presso una multinazionale del real estate ed aveva già maturato oltre 10 anni di esperienza lavorando a Roma e in Germania.

Grazie al suo aiuto, dopo quindici giorni di lavoro sul contratto di collaborazione, in doppia lingua, firmiamo il nostro accordo, dando il via a una nuova avventura. quella dei clienti internazionali.

I nostri nuovi clienti, provenienti dalla Gran Bretagna, dall'America, dall'Australia, dai Paesi Bassi, dal Canada, dalla Germania, da Cipro, solo per citarne alcuni, comprarono casa con noi qui in Ciociaria, tra Arpino, la Valle del Liri e della Valcomino. Scoprimmo un nuovo mondo, una fetta di mercato che non era stato ancora esplorato.

La Ciociaria è una terra incantevole, collocata in posizione strategica, che consente di raggiungere in 50 minuti Roma e Napoli, è inoltre a 40 minuti dal mare di Terracina-Sperlonga e 60 minuti da Pescasseroli. Un insieme di elementi, caratteristiche paesaggistiche, buon cibo, gente ospitale e tantissima storia e cultura da approfondire. Sono rimasto molto sorpreso da alcuni clienti che meravigliati chiesero di visitare Arpino, città di Cicerone, così come San Tommaso d'Aquino a Roccasecca, o visitare i luoghi natali di Vittorio De Sica, Marcello Mastroianni e Nino Manfredi. Così, nel giro di cinque anni, abbiamo venduto centinaia e centinaia di immobili a nuovi clienti internazionali.

Voglio, in aggiunta, soffermarmi sulla negoziazione, la parte più importante del processo di compravendita di un immobile, analizzando alcuni aspetti.

1) Cosa vuol dire negoziare?

Negoziare equivale ad aiutare il cliente a definire la propria esigenza, scegliendo un prodotto (la casa) che possa soddisfare i suoi bisogni e renderlo entusiasta.

2) Quali sono i principi di comportamento per un negoziato efficace?

*Ascoltare, percepire, comunicare.

*Chiedere chiarimenti alla controparte.

*Utilizzare criteri oggettivi (tale oggettività deve essere verificabile da entrambe le parti).

*Utilizzare procedure eque: una procedura è equa quando le parti possano accettarla prima di sapere quale ruolo toccherà a ciascuna parte.

*Dimostrarsi fiduciosi circa il raggiungimento di un accordo negoziale (onorevole per entrambi, venditore e acquirente).

*Non avere fretta, ma non perdere tempo.

*Non ritornare mai su argomenti su cui vi è già un accordo.

3) Le tattiche (giochi) negoziali.

* Dai uno sguardo alla seguente conversazione strategica.

Compratore: ti offro 100.

Venditore:140 è ciò che voglio.

Compratore:110 ha un senso.

Venditore: posso scendere a 130 ma è l'ultima offerta.

Compratore: bene se riesco ad alzare la rendita dall'affitto probabilmente arriverò a 120.

Venditore: Ok, hai vinto, chiudo a 120.

Secondo te è normale? Succede in ogni affare. Chi esce a testa alta in questo esempio? Sembra che entrambi abbiano vinto. La somma di 120 è probabilmente ciò che il compratore e il venditore volevano all'inizio. Ciò che appare come una vittoria non necessariamente è così. Il vero vincitore qui è il venditore.

È l'unico che poteva cedere all'offerta del compratore (120) Facendo così il venditore ha il vantaggio psicologico di essere capace di riscuotere una rendita più alta dall'affitto. Il compratore, se avesse giocato giustamente le sue carte, avrebbe barattato in modo diverso.

Per prima cosa non avrebbe lasciato entrare l'altra persona, e in secondo luogo si sarebbe piazzato in una posizione favorevole, magari scambiando un'altra voce.

Adesso compariamo la suddetta conversazione con quest'altra:

Compratore: offro 100.

Venditore: 140 è il prezzo che voglio.

Compratore:110 ha un senso per questo affare.

Venditore: scenderò a 130, ma è l'ultima offerta.

Compratore: posso arrivare a 115 se accresco le rendite dall'affitto.

Venditore: Ok facciamo 120.

Compratore: Ok hai vinto. Pagherò 120 se mi darai 10 mesi di tempo per la stipula.

Dallo scambio dello scenario abbiamo visto il vantaggio del compratore. In questo caso particolare il compratore ha dato al venditore lo stesso 120.Il compratore ha fatto credere al venditore che gli ha concesso i 120 ed ha richiesto una concessione su una futura voce (tempo per la stipula).

Mai cedere, commerciare/negoziare/mediare.

Tutto è negoziabile. La strategia del compratore di solito è "negoziare e mai cedere". Come un professionista impara il proprio lavoro, anche tu diventerai un maestro nell'arte della mediazione. Tutto richiede molta pratica.

4) Come trasformare un avversario in alleato

*Fare il primo passo, dimostrare interesse per suoi bisogni e stima verso la sua persona.

*Adottare toni amichevoli.

*Evitare trucchi e tecniche manipolatorie.

*Capire che la difficoltà sta nel problema, non nel nostro antagonista.

*Smetterla col difensivismo, nei negoziati nessuno resta ucciso se smette di sparare per primo.

*Mettere l'accento su interessi comuni.

*Sottolineare le conseguenze negative del mancato accordo.

5) Principali motivi di fallimento di negoziati

*Non essere interessati agli altri.

*Parlare agli altri e non con gli altri.

*Dibattere e non negoziare.

*Cercare lo scontro e l'annientamento degli altri.

*Non definire i problemi.

*Non prepararsi al negoziato.

*Non accettare compromessi.

*Formulare proposte di acquisto /richieste iniziali inaccettabili.

*Dimostrare sfiducia circa la possibilità di raggiungere un accordo.

*Lasciarsi vincere da emotività e/o irrazionalità.

RIEPILOGO DEL CAPITOLO 4

- SEGRETO n. 1: Per avere il rispetto dei clienti devi per prima cosa avere il massimo rispetto dei clienti. Fai della gentilezza e del rispetto una tua arma segreta.

- SEGRETO n. 2: Non esistono case belle e case brutte, esistono solo clienti da conquistare, belli e brutti.

- SEGRETO n. 3: Se devi conquistare un mercato che non conosci chiedi aiuto, è pieno di gente disposta ad aiutarti

- SEGRETO n. 4: Fai della tua professione un'attività remunerativa, molto remunerativa, ma non esagerare, non ostentare la ricchezza, i clienti potrebbero notarlo.

- SEGRETO n. 5: Aiuta le persone a realizzare il proprio sogno. Accompagnali per mano nella scelta della Casa dei sogni, sapendo che il 100% di quello che il cliente cerca, non esiste!

Capitolo 5

Come realizzare il tuo sogno grazie a questo libro

Quando iniziai la mia carriera negli affari immobiliari ebbi la fortuna di incontrare un noto avvocato, A.M., che, per oltre 20 anni si era dimostrato uno dei più importanti avvocati nella vendita di affari immobiliari. Doveva i suoi successi all'abilità con cui riusciva a conquistare la fiducia del cliente, dandogli l'impressione di trovarsi di fronte ad un uomo competente e coscienzioso.

Avevo notato subito questa particolare dote di A.M. ma solamente dopo un certo periodo di tempo capii perché riusciva sempre a conquistarsi le simpatie della gente. Fin dall'inizio del mio cammino ho coltivato il sogno di diventare un mediatore esperto, competente, qualificato. Dovevo anch'io conquistare la fiducia dei miei clienti, con simpatia, competenza, professionalità, ma anche con molto senso di responsabilità.

Mi viene difficile, oggi, pensare a come si possa agire diversamente se si desidera avere un successo continuo e concreto. Sono dell'idea che per costruire una reputazione, riconosciuta, confermata e avvalorata ci voglia del tempo. Non ci si può improvvisare, è assolutamente sconsigliato per tutti i ruoli e/o compiti da svolgere.

La preparazione è alla base di ogni professione ma non sempre è sufficiente, non basta essere eruditi, occorre molto di più per essere al top e restare al top della propria attività. La reputazione ti premia, ti avvolge, ti aiuta, lavora per te, è come una magia che si avvera ogni volta che incontri un nuovo cliente. Mi sono accorto di avere una buona reputazione nel mondo immobiliare da quando ho deciso di cambiare immagine, da quando ho messo in evidenza il mio nome e il mio cognome e la mia faccia: Alfano Real Estate, Alfano Consulting, Alfano Agency.

Vuoi diventare un grande agente immobiliare? Vuoi diventare un grande avvocato? Vuoi essere un grande nel tuo settore? Devi lavorare sodo e costruire, giorno dopo giorno, la tua reputazione, la tua immagine. Ti ricordi quando ho raccontato di Gabetti?

Perché la Gabetti ha avuto così tanto successo in Italia? Perché la Gabetti aveva una reputazione di agenzia affidabile, prestigiosa, professionale, seria e soprattutto aveva una storia, un marchio molto noto al pubblico. La lunga esperienza nel campo immobiliare rende un brand capace di rinnovarsi ed emergere per fronteggiare i rapidi cambiamenti del mercato di riferimento.

Alcuni anni fa, forse oltre dieci anni fa, ebbi modo di conoscere uno dei più grandi agenti immobiliari americani, Mike Ferry, una persona semplice, tranquilla, determinata e sicura di sé, sbarcato in Italia per vendere i suoi corsi e le sue idee. Un uomo distinto che ha saputo e sa interpretare in modo eccellente il suo ruolo.

Mi ha incuriosito subito, mi attraeva molto la sua reputazione di grande agente immobiliare, un guru del mondo degli agenti immobiliari, formatore di alto valore etico e professionale. La sua reputazione era sempre avanti a tutto e a tutti, la sua immagine era dorata, i suoi discorsi erano diventati dei copioni da ascoltare e da registrare. Non potevo esimermi dal partecipare ad uno dei suoi grandiosi eventi organizzati in Italia.

Furono tre giorni di "full-immersion", migliaia di agenti immobiliari che provenivano da tutta Italia e anche da altri paesi europei. Il signor Ferry era riuscito ad aggregare intorno a sé una marea di professionisti che non vedevano l'ora di incontrarlo, di ascoltarlo, di registrare i suoi discorsi per metabolizzare e mettere in pratica i suoi consigli.

Qual era il suo segreto? Perché tutta quella gente partecipava ai suoi eventi? Io mi sono fatto la mia idea partecipando a tre dei suoi "Superstar Retreat" ed a uno dei suoi "Premier Coaching Program", della durata di un anno. La nostra categoria, quella dei mediatori immobiliari, ha recepito quello che il mercato richiede da un professionista immobiliare: metodo, tecniche, preparazione, etica, specializzazione, valori, competenza, serietà e reputazione.

È il motivo per cui tanti professionisti immobiliari seguono corsi, seminari, percorsi di formazione e alta formazione nel Real Estate. Il mercato è stato sempre molto severo con la nostra categoria, non ha mai concesso sconti a nessuno. Perché il mediatore immobiliare è una figura atipica, speciale, è l'unica categoria di professionisti che per il lavoro che svolge percepisce una provvigione da entrambe le parti. In altri paesi europei l'agente immobiliare viene pagato solo da una delle parti, ma in Italia la legge 39/89 e il Codice Civile sono molto chiari: la provvigione è dovuta da entrambe le parti.

Ora se analizziamo con attenzione il principio della provvigione dovuta da entrambe le parti, possiamo sicuramente capire perché il mercato è maturo e perché gli agenti sono consapevoli del ruolo che svolgono. Il cliente paga per un lavoro che hai svolto a suo favore, ma vieni pagato anche dall'altro cliente per il quale hai svolto un lavoro, quindi, non puoi essere di parte, ma devi essere imparziale, "super partes".

Ecco perché ci vuole molto equilibrio, molta attenzione nello svolgimento della trattativa di mediazione tra le due parti. Fare il mediatore immobiliare, oggi più di ieri, richiede molte qualità, molte competenze, molti studi e tantissima pazienza. Non si finisce mai di imparare. Ed io ancora oggi partecipo volentieri ai corsi, seminari, tavole rotonde, etc., che hanno a che vedere con il mondo immobiliare.

Voglio raccontarti un momento del corso Full Immersion tenuto da Mike Ferry in persona a Sorrento nella meravigliosa cornice della penisola Sorrentina.

A parte la considerazione sulla parte organizzativa che è stata eccellente sotto tutti i punti di vista, la cosa più sorprendente è stato proprio il relatore, il Grande Mike in persona che ha gestito le tre giornate con una professionalità scientifica, una determinazione da paura, un grande formatore che va in giro per il mondo a raccontare la sua storia e la sua esperienza. Il suo metodo, il suo" Sales system", la sua bibbia immobiliare.

Ho conosciuto un uomo tranquillo, forte delle sue idee e del suo successo indiscusso, ma la domanda che mi ponevo durante la scuola di Mike era: "Mi riconosco in questo metodo?". Mi sembra che la pensiamo allo stesso modo con la sola differenza che qui in Italia la figura dell'agente immobiliare è meno considerata che in America e la legislazione sulla disciplina della professione è differente ma per il metodo e il sistema di acquisizione abbiamo la stessa filosofia di base.

Io lavoro sulla ricerca di mercato e quindi sul cliente venditore in primis, perché se ho immobili da vendere posso controllare il mercato, se lavoro sul cliente acquirente non posso controllare nulla. Mike mi ha dato delle conferme che solo un uomo e un formatore di eccellenza poteva darmi, un buon agente immobiliare deve prima di tutto acquisire, quindi valutare l'immobile da vendere e poi organizzare attraverso il marketing la relativa promozione per la vendita immobiliare.

Le tecniche, la psicologia, l'analisi dei dati, la conoscenza del territorio sono tutte cose che si possono imparare ma la passione e la volontà di apprendere ce la devi mettere tu. Dopo la partecipazione al corso di Mike Ferry, ho voluto partecipare anche al suo "Premier Coaching, un percorso della durata di 12 mesi con corsi, seminari e linea diretta con il coach, ovvero servizio di coaching personalizzato di alta formazione e potenziamento di tecniche specifiche per l'attività di agente immobiliare altamente specializzato.

Una vera esperienza formativa e di alto livello. Ero ormai pronto per la partenza di un nuovo programma di sviluppo della mia rete, del mio gruppo, ma, sul più bello, ecco un nuovo colpo di scena. Mia figlia Claudia, laureata a "La Sapienza" in Psicologia della comunicazione e del marketing, e poi specializzatasi in Psicologia del lavoro e delle risorse umane, lavorava ormai nel settore immobiliare da oltre 10 anni, prima a Roma e poi ad Amburgo.

Stava portando avanti un'ottima carriera in alcune grandi compagnie internazionali, con innumerevoli successi, ma negli ultimi tempi mostrava insoddisfazione per il suo lavoro. Non sapevo che cosa le stesse accadendo, fino a quando, un giorno, mi chiamò per dirmi che non voleva restare più ad Amburgo e che aveva deciso di tornare in Italia a lavorare con me, per l'agenzia di famiglia, insieme a Federico, il suo fidanzato. Con Claudia e Federico in agenzia era tutto da riprogrammare.

Nella mia vita e nella mia storia personale ci sono state decisioni e scelte che hanno dato un nuovo senso al mio profilo. Ogni decisione traccia una strada da percorrere, non ci sono dubbi, ed è per questo motivo che sono soddisfatto delle scelte fatte in ogni occasione che mi si è presentata. Generalmente, fin da piccoli, si fanno scelte più o meno importanti, comunque decisioni che ti predispongono per un percorso, una strada, lunga o corta che sia. Un breve percorso fa parte della tua formazione, della tua esperienza personale che ti aiuta a capire quale è la strada giusta per il tuo futuro.

Solo se hai un sogno. Ecco una parola magica usata da tutti e specificata in ogni attività! Quando nel 1989 avevo le mie tre agenzie immobiliari a Cassino, Sora e Roccasecca, mi inventai uno slogan.

:

"La casa che sogni è più semplice averla con Noi". Feci preparare una casetta in legno, in miniatura, parlai con il mio amico Paolo, fotografo eccezionale e gli chiesi di fare un po' di prove fotografiche per la mia campagna pubblicitaria. Fu un'idea brillante e una campagna pubblicitaria che ha lasciato il segno nel mio mercato. Ancora oggi tutti ricordano i miei manifesti grandi, con la "mia Faccia" e con la casetta in mano, sorridente, che offrivo a tutti dicendo: "La Casa che Sogni è più Semplice Averla con Noi", e sotto il logo e i riferimenti di contatto.

La campagna pubblicitaria ebbe un grandissimo successo,

inaspettato, al punto che decisi di continuare a promuovere la stessa immagine in tutte le forme, sulla carta stampata, sui quotidiani, sulle fermate degli autobus, su tutte le possibili forme di comunicazioni in quel periodo. Un notevole investimento certo, ma con un ritorno di immagine senza precedenti. Questa pubblicità è stata utilizzata per 5 anni.

Mi è sempre piaciuto pensare in grande, avere un sogno da realizzare, nel mio lavoro, nella mia vita privata, non mi piace fare sempre le stesse cose, mi diverto quando lavoro e se trovo affari interessanti mi dedico alla loro conclusione. Trattare affari è come una forma d'arte, è la mia forma d'arte. Come altri dipingono o scrivono poesie/canzoni, io mi dedico agli affari. Il mio stile nel trattare gli affari è estremamente semplice, diretto e concreto.

Molti sono sorpresi dal mio modo di lavorare perché è sempre rilassato, di solito non porto con me una cartella, perché penso che un eccesso di organizzazione impedisca di avere fantasia e spirito imprenditoriale. Quante case ho venduto nella mia carriera? Quanti clienti si sono rivolti alla mia agenzia immobiliare? A quanti collaboratori ho insegnato il lavoro di mediatore? Quando ero titolare e responsabile delle agenzie affiliate a Gabetti avevo 40 collaboratori tra agenti e consulenti. Durante il periodo di docente per i corsi di preparazione agli esami di agente immobiliare, tenuti presso la Camera di Commercio di Frosinone, ho avuto oltre mille allievi che erano desiderosi di imparare la professione di mediatore. Ma qui, adesso, io mi limito a raccontarti la mia storia, la mia esperienza, il mio sogno, che si rinnova continuamente.

Non bisogna mai smettere di sognare. Per questo motivo, ho sempre sostenuto l'importanza del desiderio, della passione, perché è con queste premesse che la vita, il lavoro, non diventano un peso. Una società che non riesce a sognare si irrigidisce e tende a uniformare i comportamenti umani ma nel lungo termine decade. Io continuo a credere che sia preferibile l'entusiasmo alla rinuncia, la fede al cinismo. La mia teoria è che non bisogna arrendersi mai, ma ricominciare e combattere sempre.

Ecco perché ho accolto una nuova sfida per la nostra agenzia immobiliare, la grande opportunità del mercato immobiliare internazionale, da affrontare insieme ai miei collaboratori, Claudia, Federico, Angela, Marco, Antonina, Vincenzo, Francesco, Giulio, Milena, e ai nostri consulenti esterni. "Adesso è il momento della verità", come diceva il grande Prof. Richard Normann che ho avuto come docente alla Bocconi durante il primo master nel 1984. Cosa significa "adesso è il momento della verità"? Nelle aziende di servizi le cose non si imparano mai, ma, a successivi livelli di profondità, si rivisitano costantemente concetti basilari e valori di fondo.

Nella gestione strategica di un'agenzia immobiliare riuscirà ad avere successo solo chi sarà dotato di un grande bagaglio culturale. Proprio per questo la cultura immobiliare non si improvvisa, ma bisogna essere sempre disposti ad apprendere. Un noto imprenditore di una grande multinazionale mi confidò un giorno: "Se tornassi giovane apprenderei subito l'arte di imparare dagli altri". Gli feci presente che solo questa disponibilità ad apprendere riuscirà a trasformare le agenzie immobiliari, le aziende di servizi, in aziende di successo.

La mia impressione è che oggi, come 30 anni fa, le agenzie

immobiliari sono costruite su tre parole chiave: la tecnologia, l'apprendimento e la cultura. Cultura, learning, tecnologia sono le parole chiave nel mondo immobiliare. La globalizzazione, questo immenso mercato virtuale, creatosi in seguito alle scoperte tecnologiche, ci dà la possibilità di far conoscere la nostra bella Italia, i nostri meravigliosi borghi, le nostre città storiche e il Made in Italy. Stiamo vivendo una nuova dimensione che è quella del mercato internazionale e dei tanti clienti che desiderano avere una casa in Italia.

Ho dato a mia figlia Claudia una grande responsabilità lo scorso anno, quella di sviluppare e gestire questo nuovo mercato, che si è dimostrato molto positivo. Oggi il nostro fatturato è costituito al 65% da commissioni pagate da clienti internazionali e siamo in forte crescita. Stiamo sviluppando nuovi servizi per attrarre sempre più clienti dall'estero, che hanno in mente di acquistare la loro casa in Ciociaria, nel Lazio e più in generale nel centro Italia. Lavoro che richiede molta più attenzione nelle intermediazioni internazionali.

Siamo riusciti in poco tempo a portare alla ribalta internazionale l'attenzione dei media (Rai 3, quotidiani, tv inglesi, radio e portali specializzati) sul nostro territorio, concentrandosi in particolare sul "Caso Arpino": un piccolo centro della bella terra di Ciociaria che è richiesta da tanti clienti internazionali e che ha suscitato la curiosità dei tantissimi cittadini esteri.

È stato innescato un meccanismo, un mix di marketing territoriale, che sta girando in tutto il mondo. Siamo consapevoli che è un duro lavoro, il cliente estero ha delle grosse aspettative nei confronti dell'agente e mediatore immobiliare ma solo così possiamo sopperire alla difficile situazione del mercato immobiliare italiano.

Il nostro slogan per il mercato estero è molto evocativo: "Alfano Real estate: your dream, your home". Stiamo investendo, inoltre, notevoli risorse per promuovere sempre di più il territorio, la Ciociaria, con dei focus specifici sulla sua bellezza, sulla storia, la cultura e il buon cibo locale, molto apprezzato dai nostri clienti internazionali.

Lavoriamo con programmazione e pianificazione dei tempi per le visite degli immobili da parte dei clienti, che provenendo da altri Paesi, richiedono molta preparazione nella gestione delle visite. Il nostro sogno è quello di realizzare la felicità di tante famiglie internazionali (inglesi, americani, canadesi, tedeschi, francesi, svedesi, olandesi, australiani) che desiderano avere una casa, un casale o un palazzetto storico in Italia e in particolare, nel Lazio, nella Ciociaria che, a mio parere, ha un potenziale attrattivo sconosciuto ai più.

Questo periodo storico, fatto di incertezze e di crisi generalizzata in ogni settore commerciale, richiede una nuova visione da parte delle aziende di servizi/agenzie immobiliari, un nuovo approccio e, quindi, un riposizionamento. Per questo è arrivato il momento della verità. È come in una grande arena, e tu agente/mediatore immobiliare sei lì, faccia a faccia, da solo, contro un toro inferocito. Chi vincerà?

Oggi il mercato immobiliare è come una grande arena, la globalizzazione può dare un'opportunità ma può anche tagliare fuori dai giochi, e come sempre, devi decidere rapidamente cosa fare. Vuoi vincere la sfida? Allora preparati e ripensa alle parole chiave: cultura, learning e tecnologia.

Nella gestione di un'agenzia immobiliare, come in un'azienda di servizi, il perno resta l'apprendimento continuo, con uno sforzo quotidiano, nelle novità dei servizi e nell'acquisizione della cultura del cambiamento. È su queste tre tematiche che passeremo i prossimi anni lavorativi. Mi auguro di poter contribuire nel mio piccolo ad una nuova cultura immobiliare. Eistono libri che insegnano come agire e come interpretare il ruolo di agente immobiliare.

Con questo libro ho voluto raccontare la mia semplice storia, inserendo alcuni spunti di riflessione per la categoria, non tanto sul metodo, ma piuttosto sulla cultura immobiliare. Questo libro pertanto non è un manuale, ma può essere considerato uno spunto, un input per il lettore, per suscitare pareri diversi ma comunque utili a far capire la complessità del lavoro di un mediatore immobiliare.

Ecco, allora, il perché di un progetto, di una "vision" per il futuro. Vogliamo delineare i nostri prossimi passi insieme ad agenti e/o consulenti capaci di lavorare in "team" e inseguire il proprio sogno nel mercato immobiliare.

RIEPILOGO DEL CAPITOLO 5

- SEGRETO n. 1: Per realizzare un sogno, bisogna prima di tutto conoscerlo, bisogna scriverlo, e dopo bisogna cercarlo, seguirlo, accarezzarlo, curarlo, e infine farlo crescere fino a diventare realtà.

- SEGRETO n. 2: Il segreto dei segreti è quello che per ottenere qualcosa devi assolutamente dare tu qualcosa di concreto, di valido, di innovativo al tuo mercato di riferimento.

- SEGRETO n. 3: Tutto e subito non esiste. Bisogna credere in quello che fai, coltivare le tue aspirazioni, accrescere le tue competenze, aspirare al miglioramento, così da ottenere tutto quello che stai cercando.

- SEGRETO n. 4: La cultura immobiliare è obbligatoria, l'economia è una variante della cultura. Non si finisce mai di imparare.

- SEGRETO n. 5: Il mediatore è il promotore dell'economia immobiliare. Più mediatori/professionisti esercitano questa attività più gira l'economia. Per questo il mercato immobiliare è il più importante settore dell'economia italiana.

Conclusione

Quando ho iniziato a scrivere questo libro mi sono detto che forse era un po' folle, ma poi pian piano mi sono reso conto che avevo tante cose da raccontare, e più andavo avanti più aumentava l'entusiasmo di chi scrive il suo primo libro. Quando, nel 1983, iniziai questo lavoro e inventai la mia nuova attività, avevo un sogno da realizzare. Ero giovane e pieno di entusiasmo e, a distanza di oltre 37 anni, per mia fortuna, ancora ho lo stesso entusiasmo, lo stesso ottimismo, la stessa dedizione con cui ho cominciato.

Sono stato scrittore, produttore, regista e interprete in questi quarant'anni, con periodi di grande successo alternati a fasi critiche e di rinnovamento. In queste pagine c'è un po' di storia della mia vita, dell'amore e della passione che ho dedicato alla mia piccola impresa/agenzia immobiliare. Parliamoci chiaro: "Non puoi iniziare a vincere, se non impari a perdere".

Questo libro rappresenta il mio modo di essere, la mia visione di una delle più belle attività al mondo. La libertà di decidere, la creatività, l'iniziativa, l'entusiasmo, la sincerità, il silenzio al momento giusto, la capacità di ascoltare, la competenza e il sorriso sulle labbra sono solo alcune delle qualità che ho scoperto di possedere per poter affrontare tutte le sfide che la vita mi ha proposto.

La mia testimonianza diretta vuole essere un contributo a favore della categoria, e non solo, che negli ultimi 30 anni ha subito un'evoluzione epocale. È cambiato il mondo immobiliare e con esso tutti gli attori. È certo, però, che la persona, il soggetto, l'impresa che si appresta ad operare nel mare-magnum del mercato immobiliare dovrà affrontarlo con grande impegno e tantissima volontà.

Oggi tutti sono informati, tutti conoscono quale è il ruolo di un agente immobiliare. Internet ha generato una rivoluzione nel mondo degli affari. Il cliente chiede attenzione molto più di ieri, vuole certezze, sicurezza, da un interlocutore serio, affidabile, competente e autorevole. Non perdere tempo se vuoi inoltrarti in questo settore.

Adesso che hai terminato il mio libro, immagino che tu possa sentirti anche un po' confuso. Non sai cosa pensare:

*Primo. Puoi scegliere di non fare nulla e in questo caso leggendo queste pagine hai sprecato tempo.

*Secondo. Puoi pensare che ci sono delle buone idee, che cercherai di metterle in pratica. In questo caso potresti avere piccole soddisfazioni ma potresti anche rischiare di fallire.

*Terzo. Puoi seguire il consiglio dei più grandi maestri di vita ovvero: "Impara l'arte di apprendere", con perseveranza, con tenacia, con costanza, con intelligenza. Fai una cosa alla volta e falla bene! Solo così potrai raggiungere il successo. Solo cosi potrai diventare grande.

Non è importante da dove vieni, chi sei, puoi essere un consulente, un assicuratore, un investitore, un venditore, un banchiere.

So solo che se ti applicherai con dedizione, con costanza nel corso degli anni e continuerai ad apprendere, potrai ottenere miracoli!

Desidero, infine, concludere il libro ribadendo che la cultura non si improvvisa ma si alimenta solo con la disponibilità ad apprendere e con la voglia e il desiderio di crescere. Con il mio carissimo amico Enzo, commercialista e docente, abbiamo ideato e progettato una serie di seminari, conferenze e incontri sul tema immobiliare proprio per alimentare il flusso delle informazioni e delle conoscenze per gli agenti immobiliari. Anche l'idea di scrivere questo libro mi ha reso più entusiasta e più convinto del mio compito di formatore.

Dedico, inoltre, questa mia fatica a mia moglie Antonina, che mi sopporta e mi supporta, ai miei due figli Claudia e Marco, e a Angela, mia cognata, che da oltre 35 anni è la mia assistente personale, il mio braccio destro.

Non avrei mai potuto scrivere questo libro se non avessi incontrato clienti, colleghi, imprenditori, politici, personaggi famosi, musicisti e artisti con i quali ho condiviso momenti importanti della mia vita privata e/o professionale. Da ciascuno ho imparato qualcosa e a loro va la mia gratitudine.

Mi auguro che questo libro sia stato di tuo gradimento. Grazie.
Angelo Claudio Alfano

***

Se ti è piaciuto questo libro e ti fa piacere entrare in contatto con me, puoi trovarmi qui:

- E-mail AZIENDALE: claudio@alfanorealestate.com
- Telefono mobile: 0039 3487607909
- Telefono ufficio: 0039 0776566289
- Skype: alfanoconsulting-mail
- Email PRIVATA: angeloclaudioalfano@libero.it
- Sito web: www.alfanorealestate.com